아들아, 엄마가 미안해

아들아, 엄마가 미안해

김성애 목사

나침반

오늘도
청소년 사역에 말없이 동역해 준
사랑하는 아들 김장훈에게
이 책을 헌정합니다.

이야기에 들어가며

청소년 자녀를 둔 어머니들과 나누고 싶은 이야기들

나는 환갑을 훨씬 넘긴 나이에 청소년 사역에 뛰어 든 무모하고 황당한 어머니다.

예수를 영접한지 얼마 되지 않아 하나님은 내 가슴에 작은 불씨 하나를 넣어 주셨다.

바로 '청소년'이었다.

그 불씨는 점점 더 큰 불을 일으키더니 마침내 나의 삶 전체를 덮었다.

"왜 하필 청소년 사역을 하려고 하느냐?"는 지인과 동역자들의 애정 어린 만류와 우려도 그 불을 꺼뜨리지 못했다.

그래서 '십대교회'를 개척했다.

세상에서 주변인으로 대접받는 우리 청소년들을 교회 안에서라도 주인공으로 섬기고 싶다는 단순한 동기 때문이었다.

하지만 돌이켜 생각해보면 십대교회는 지금 이 시대를 살아가는 우리 신앙인들을 향한 '하나님의 외침(God's Shouting)이었음을 깨닫는다.

나이, 꿈, 문화, 정서적 공감대… 어느 것 하나 청소년들과의 공통분모를 찾을 수 없었던 나에게 그들과 함께 울고 함께 웃으며 행복한 사역을 감당하게 하시고 더 나아가 큰 비전을 품을 수 있게 하신 주님의 그 놀라운 역사를 매일 매일 생생하게 경험하고 있기 때문이다.

이 책에는 명문대 진학을 위한 자녀교육비법 따위는 없다.
자녀를 훌륭하게 키우는 구체적인 방법도 없다.
새로운 교육이론도 소개하지 않는다.
다만 이 땅의 청소년들을 불꽃처럼 품고 사는 한 어머니 목사의 아픔과 기쁨, 그리고 청소년 자녀를 둔 어머니를 향한 소박하면서도 간절한 바람이 담겨있다.
어느 어머니가 화려한 성공의 깃발을 높이 들고 서 있다.
자녀가 달려온다.
실패의 돌부리에 걸려 넘어진다.
어머니가 달려간다.
절망의 채찍을 들어 사랑하는 아이를 후려친다.
상처 난 아이는 깊은 신음을 하다 어머니를 향해 분노의 손톱을 치켜든다.
사랑하는 어머니의 가슴을 할퀸다.
어머니가 골방으로 들어가 운다.
자녀가 다른 골방으로 들어가 흐느낀다.
상처받은 절망과 분노의 두 가슴이 외롭게 목 놓아 운다.

이것은 나와 장훈이의 이야기다.

지금 이 순간에도 가장 사랑하는 사람에게 상처주고 상처받으며 고통스럽게 바둥거리는 이 땅의 수많은 딸과 아들, 그리고 어머니의 이야기다.

나는 이 글을 통해 그 상처의 보따리를 풀어 헤치고 싶었다.

나의 경험을 무수한 갈등들을 겪으며 힘들어 하고 있는 어머니들과 함께 나누고 싶다.

현장에서 만난 내담자들의 이야기를 통해 부모와 자녀들 속에 치유하기 힘든 상처들을 들여다 보며 나도 예전에 같이 겪었던 아픔들을 부끄럽게 속살을 드러내 보이며 위로하고 싶은 마음에서 펜을 들었다.

그리고 만져주고 싶었다.

회복을 이야기 하고 싶었다.

희망을 노래 하고 싶었다.

아들과 어머니가 얼싸 안는, 딸과 어머니가 두 손을 맞잡고 벌떡 일어서는 화해와 소통의 찬가를 부르고 싶었다.

방법이 있다.

포기하지 말자!

회복될 수 있다!

희망은 아주 가까이에 있다!

화해와 소통은 그리 어려운 일이 아니다!
작은 동기와 용기가 필요할 뿐이다.

부디 이 작은 책을 통해 영원히 만날 것 같지 않은 두 평행선이 만나는 '행복'의 기적이 일어나기를 간절히 바란다.
이 책을 통해 미래의 행복을 위해 '현재는 당연히 불행할 수밖에 없다'는 어머니의 행복과 '나는 지금 당장 행복하고 싶다'고 외치는 자녀의 행복이 하나가 되는 놀라운 은혜가 임하길 간절히 기도한다.

끝으로 나에게 청소년을 향한 사랑의 불씨를 넣어 준 하나님, 그리고 사랑하는 나의 가족들, 삶의 전부인 십대교회 가족들과 꾸미루미를 비롯한 많은 동역자들, 나침반출판사 김용호 대표와 편집실 직원들, 그리고 원고정리를 끝까지 맡아 준 대원대 유재성 교수, 함께 원고를 마무리 정리해 준 제자 이지연 학생과 바쁜 중에도 기꺼이 일러스트를 맡아 준 제자 임소진 자매에게도 깊은 감사를 드린다.

청소년을 위해 밥 짓는 목사 김 성 애

|목차|

이야기에 들어가며 5

제1장 아이가 스스로 경험하게 하라 ? 11

난 그저 박수만 쳤다 | 껍질까지 대신 깨주는 "정말 좋은 엄마!?" |
그때 아이의 경험을 빼앗았더라면? | 네가 밟는 모든 땅을 네게 주리라!

제2장 내 생각의 틀을 깨라 ? 33

엄마, 제발 나 좀 풀어줘 | 어디서 들리는 노래일까? |
이 못난 엄마를 용서해다오 | '예수'라는 프레임으로 세상을 보게 하라
나누며 봉사하는 자녀로 세우라 |

제3장 아이가 마음껏 꿈꾸게 하라 ? 59

보호자가 되지 말고 팬이 되라 | 스스로 꿈꾸게 하라 |
소명은 부르심이다 | '어떻게 해야 하나?'보다는 하나님 앞에 머물기를 소원하라

제4장 아이가 주인공 되게 하라 ? 93

이 시대를 향한 하나님의 샤우팅! | 교회가 십대들에게 외면당하고 있다 |
백 마디 말보다 한 번의 따스한 스침 | 밥 짓는 목사, 따뜻한 밥 한 끼의 기적

제5장 아이를 사육이 아닌 양육을 하라 ? 117

엄마는 아이의 뿌리다 | 아낌없이 주는 나무 '엄마' |
아주 가끔은 독한 엄마가 되라 | 농부의 기다림으로 양육하라

제6장 아이를 자유하게 하라 ? 141

가인과 아벨의 비극 | 홀로 설 수 있도록 격려하라 |
때로는 잘못된 선택도 할 수 있도록 허용하라 | 하나님 마음을 움직이는 엄마의 기도

제7장 아이 스스로 행복을 발견하게 하라 ? 163

마지막 마음의 보따리를 풀게 하라 | 희망의 통로가 되라 | 팬이 되어 주라 |
벼룩의 점프 | 세 잎 클로버

이야기를 마치면서 186

제1장

아이가 스스로 경험하게 하라

길 잃을까 염려하여 울타리 안에 가두어 두지 말고
여행을 떠나 보내라.
직접 보고 듣고 느끼며 처음 경험하는 것의
환희를 맛보게 하라

난 그저 박수만 쳤다

우리 자녀들의 걸음마 장면을 떠올려 보자.
엄마는 저만치 가서 손뼉을 친다.
아이는 엄마에게 가려고 일어선다.
하지만 아직 혼자 일어서는 것조차 쉽지 않다.
자빠진다.
연신 엉덩방아를 찧는다.
겨우 일어서 중심을 잡는다.
엄마는 환호성을 지르며 박수를 보낸다.
곧 넘어질 것 같은 두려움을 떨쳐버리고 아이가 한 걸음 뗀다.
아이의 눈에는 환하게 웃고 있는 엄마의 얼굴만 보이기 때문이다.
두 번째 걸음을 떼다가 크게 엉덩방아를 찧는다.
"으앙!"

울음이 터진다.

엄마가 아이의 이름을 부르며 더 크게 박수를 친다.

금방 울음을 그치고 아이가 "까르르~" 웃는다.

다시 일어선다.

두 걸음을 뗀다.

세 걸음, 네 걸음 그리고 다섯 걸음.

엄마 품에 안긴다.

걸음마는 아기와 엄마의 작은 축제다.

행복한 실패의 잔치다.

넘어지고 또 넘어져도 누구하나 불행한 사람은 없다.

웃음뿐이다.

행복하게 걸음마를 배우던 그 아이가 커서 청소년이 되었을 뿐이다.

그런데 그 십여 년 동안 부모들은 자녀의 실패에 너무 심각해졌다.

중간고사, 기말고사 좀 망친 것을 엄청난 실패로 받아들이는 엄마나 아이들을 볼 때마다 얼마나 안타까운지 모르겠다.

더구나 그것이 직접적인 원인이 되어 자살로 이어지는 뉴스를 접할 때면 아픈 마음에 가슴을 친다.

넘어지고 또 넘어지게 하라.

실패하고 또 실패하게 하라.

엄마는 아이의 앞에서 밝게 웃는 얼굴로 박수만 쳐주면 된다.

당당히 홀로서기를 할 때까지.

두려움 없이 거친 세상으로 진군할 수 있을 때까지 말이다.

그것이 어머니다.

종종 이런 질문을 받는다.

"어떻게 김장훈씨 같은 훌륭한 아들을 두셨나요? 어떻게 키웠어요?"

무언가 심오한 답변을 바라는 질문자의 그 호기심 어린 눈빛을 채워주고 싶지만 사실 나에게는 거기에 걸맞는 대답이 없다.

나의 답변은 언제나 간단하다.

"난 그저 박수만 쳐주었어요."

정말 내가 한 것은 그것 밖에 없다.

실패할 때는 격려의 박수를 보냈다.

성공할 때는 축하의 박수를 보냈다.

난 그저 박수만 쳐주었을 뿐인데 장훈이는 어느 날 부터인가 많은 사람들로부터 칭찬받는 아들이 되어 있었다. 내가 생각할 수 없었던 자랑스러운 아들이 되어 있었다.

기찻길 옆 옥수수는 기적 소리를 듣고 자라지만 우리 자녀들은 엄마의 박수 소리를 듣고 자란다. 그 박수 소리에 축 처진 어깨가 쑥 올라갈 것이다. 울적한 마음이 금세 환해질 것이다. 포기하고 싶은 마음에 불끈 용기가 솟게 될 것이다.

자녀의 성공 뿐 아니라 실패에도 진심어린 박수를 보내라. 아이의 넘어짐과 일어섬에 함께 울고 함께 웃는 엄마의 찡한 마음을 그 박수에 담아보라.

걸음마 때의 축제를 재연해보라.

실패는 슬픔도, 고통도, 그리고 그렇게 심각한 일도 아님을 금방 깨닫게 될 것이다.

실패는 성공을 알리는 웅장한 서곡이다.
실패가 아름다운 이유가 여기에 있다.
실패한 후에도 행복할 수 있는 이유가 여기에 있다.
자녀들이 실패의 디딤돌 위에 당당하게 설 수 있도록 하라.
아름다운 실패의 서곡을 마음껏 연주하도록 하라.

껍질까지 대신 깨주는
"정말 좋은 엄마!?"

　자식이 힘겨워 하고 있을 때 가슴이 찢어지지 않는 엄마가 어디에 있겠는가? 우리 말에 애간장이 녹아내린다는, 창자와 간과 장기가 다 녹아 내린다는 말의 배경에는 자식을 향한 세상 모든 엄마들의 애끓는 마음이 있다.

　아직 여물지 않은 연약한 부리로 그 단단한 껍질을 깨고 나오려는 내 아이의 고통을 지켜보는 엄마의 마음은 오죽하겠는가?

　차라리 내 부리가 모두 부서져 닳아 없어진다해도 쪼고 또 쪼아서 자식의 아픔을 대신하려는 것이 이 땅에 선 모든 엄마의 마음일 것이다.

　하지만 그런 생각이 들 때마다 가슴에 새겨야 할 한 마디가 있다.

"껍질을 깨뜨릴 수 있는 힘은 아이 자신에게 있다"는 말이다.

하나님은 부리가 채 굳지 않은 껍질 속의 그 작은 생명체에게도 스스로 껍질을 깨고 나올 수 있는 힘을 주셨다.
껍질을 대신 깨주지 말라.
할 수 있는 것을 다 해주는 엄마가 반드시 좋은 엄마는 아니다. 껍질까지 대신 깨주는 좋은 엄마가 되려고 애쓰지 말라.
정말 좋은 엄마는 내 아이가 그 단단한 껍질을 스스로 깨고 껍질 밖으로 당당하게 걸어 나올 때까지 울음으로 참아내는 엄마라고 생각한다.
안쓰러운 마음에 껍질을 대신 깨주는 행위는 사랑하는 자녀에게 독을 주는 행위일 수도 있다. 자칫 죽음으로 내모는 위험천만한 일이 될 수도 있다.
애간장 녹아내리는 그 아픔으로 지켜보라.
십자가에 달린 예수를 바라보는 아버지 하나님의 통곡으로 바라보라.
우리 아이에게는 그 단단한 껍질을 깨뜨릴만한 충분한 힘이 있다. 능력이 있다. 하나님은 외아들 예수에게 죽음의 권세를 이기고 영원한 생명의 부활로 일어설 수 있는 힘과 능력이 그에게 있음을 알았다.
지금 나 또한 이 땅의 모든 딸과 아들에게 그 힘과 능력이 있음을 믿는다.

하지만 예전의 나는 그런 엄마가 아니었다.

자식을 위하는 일이면 무슨 일이든지 다 해내는, '캥거루 엄마'였다.

껍질을 대신 깨주는 것은 말할 것도 없고 이미 세상으로 나온 자녀조차 앞주머니에 넣고 다니며 품에서 한 발자국도 벗어나지 못하게 했다.

왜냐하면 장훈이는 어렸을 때부터 기관지 천식을 앓아 1년의 절반을 병원에서 보내야 했기 때문이다. 어쩌면 장훈이는 당연히 과보호의 대상이었다.

엄마의 애쓰는 모습을 알아 주기라도 하듯 장훈이는 모범적인(?) 아이로 잘 자라주었다.

나의 어떤 요구에도 토 하나 달지 않고 "예"만 하는 아주 착한 아이였다. 보고만 있어도 든든한 아들이었다.

더구나 공부도 잘 했다.

중학교에 올라가서는 전교에서 2,3등을 할 정도였다. 그래서 명문대를 목표로 장훈이를 압박하기 시작했다.

기관지 천식만 아니면 모든 것이 좋았다.

적어도 나는 그렇게 생각했다.

하지만 그건 나의 큰 착각이었다.

이미 장훈이의 마음 속에는 엄마를 향한 반란이 일어나고 있었다.

내가 그렇게 모든 것이 잘되고 있다고 생각하고 있었던 바로 그 시간, 장훈이는 가출을 결심하고 있었기 때문이다.

그때 아이의 경험을
빼앗았더라면?

성경에는 여러 아버지의 모습이 나온다.
그 중에서 '탕자의 아버지'로 부터 큰 교훈을 얻는다.
그 아버지에게는 두 아들이 있었다.

어느 날 둘째 아들이 아버지에게 말했다.
"나에게 돌아 올 몫의 재산을 미리 나누어 주십시오."
사망 후에 물려 받을 상속재산을 생전에 증여해 달라는 의사표시였다. 생떼에 가까운 황당한 요구였다.
아들이 아버지의 재산을 완전히 낭비할 것이라는 사실은 불 보듯 훤했다.

재산을 나누어 주는 순간 사랑하는 아들이 자신을 떠날 것도 쉽게 예측할 수 있었다.

하지만 아버지는 아무 말 없이 그 아들의 몫을 나누어 주었다.

아버지에게는 재산의 절반보다 아들이 더 가치있는 존재였기 때문이다.

탕자의 아버지는 재산을 잃음으로 아들을 얻고자 했다.

아버지의 예상대로 아들은 먼 나라로 떠났고 아버지는 매일매일 동구 밖 어귀에 서서 아들이 돌아오기를 간절히 기다렸다.

아들은 긴 방황을 끝내고 빈털터리 거지가 되어 아버지에게로 돌아왔다.

아버지는 아직도 거리가 상당히 먼데 달려와서 아들을 안았다. 거지꼴이 되어 돌아온 아들을 가슴 깊이 안았다. 아무 말도 하지 않았다. 단 한 마디의 책망도 하지 않았다. 대신 반지를 끼우고 살찐 송아지를 잡아 큰 잔치를 베풀었다.

나는 이것이 예수께서 우리에게 알려주고 싶은 아버지와 엄마의 모습이었다고 생각한다. 아이의 경험을 빼앗지 않고 오히려 그 경험을 통해 진정한 용서와 사랑을 가르치려는 한 차원 높은 부모의 모습을 보여 주신 것 같다.

하지만 나는 내 아이의 경험을 빼앗지 못해 안달하는 엄마였다.

장훈이가 고등학교 1학년 초여름쯤으로 기억된다.

"엄마, 드릴 말씀이 있습니다."

평소 보아오던 장훈이의 앳된 표정 대신 이제 막 사내가 되려는 어느 낯선 청년의 비장한 얼굴이 나를 쳐다보고 있었다.

학교에서 무슨 안 좋은 일이라도 있었던 것은 아닐까 하는 생각에 자세를 전투태세로 바꾸어 바싹 다가앉았다.

"무슨 일 있었니?"

"가수가 되고 싶습니다."

한동안 우리 사이에는 무거운 침묵이 흘렀다.

전혀 예상하지 못했던 메가톤급 폭탄발언이었다.

그리고 이어진 한 마디는 나를 기절시키기에 충분했다.

"제 꿈을 위해 집을 나가 독립하겠습니다."

너무 놀라 온 몸이 부르르 떨렸다. 옷 밑으로 살갗이 아파왔다. 뼛속까지 조여 오는 극심한 통증이 느껴졌다. 심장은 터질 듯이 펌프질을 해댔다. 피가 거꾸로 도는 것 같았다.

배신감에 몸이 떨렸다.

하기야 요즘 엄마들은 당시 나의 심정을 이해하지 못할 수도 있겠다.

지금은 많은 엄마들이 자녀들을 연예인으로 키우겠다며 비싼 수강료를 내가며 수천 수백 대 일의 가수 오디션을 통과시키기 위해 치맛바람을 일으키는 세상이니 말이다.

하지만 당시 가수나 연예인에 대한 나의 이해는 대마초 피우고 무질서한 사생활로 세간의 가십거리가 되는 뭐 그 정도 수준이었다.

소위 스카이 대학 중 어느 한 곳에 꼭 진학할 것이라고 굳게 믿고 있었던 아들이 가수가 되겠다고 하니, 더구나 독립을 하겠다니 경악할 노릇이었다. 말이 독립선언이지 가출 통보였다. 그 흔한 말대꾸 한번 안하고 모범생으로만 자란 아들의 입을 통해 들은 가출통보였으니 나의 충격이 얼마나 컸겠는가?

철썩같이 믿었던 아들에 대한 배신감에 하늘이 무너졌다.

장훈이는 엄마가 자신의 꿈을 받아 들이지 않을 것이라는 사실을 알고 있었다. 엄마가 꿈꾸는 것을 이루기 위해 어떠한 방법을 동원해서라도 자신의 꿈을 포기시킬 엄마임을 이미 알고 있었다. 절대 허락하지 않을 분이라고 미리 결정하고 있었던 것이다.

방안에 오랫동안 무거운 정적이 흘렀다. 방바닥에 큰 자석을 깔아 놓은 듯 무거운 중력 때문에 일어설 수도 없었다.

얼마나 시간이 흘렀을까?

겨우 마음을 진정시키며 장훈이에게 물었다.

"언제부터 한 생각이니?"

"중학교 1학년 때부터 드리고 싶었던 말씀이었습니다."

실신하지 않은 것이 놀라왔다.

나만 속고 있었다.

내가 마주 대하고 있는 아들은 내 아들이 아니었다.

적어도 그 순간은 그렇게 생각됐다.

보다 정확하게 말하면 내가 만들어 놓은, 내가 만들고 싶은, 내가 꿈꾸고 있는 그 아들이 아니었다.

엄마가 너무 무섭고 완고하다 보니 아이는 어떤 말도 하지 않고 살았던 것 뿐이었다. 단지 침묵하고 있었을 뿐 자기의 무한한 생명력을 한없이 키워 나가고 있었던 것이다.

이제 그것이 봇물처럼 터진 것이었다. 넘치고 넘쳐 밖으로 터져 나온 것이었다. 그리고 그것과 동시에 완고한 엄마 때문에 안으로 깊숙이 곪았던 상처가 터진 것이었다. 장훈이의 눈은 꿈과 절망 사이를 오가며 이글거리고 있었다.

나는 그 눈을 보며 장훈이를 막을 수 없다는 사실을 직감했다.

그러나 아무리 생각해도 가수는 아니었다. 백 번 천 번을 양보해도 가수는 아니었다. 심한 기관지 천식으로 학교 수업조차 제대로 받을 수 없는 아이가, 1년에 6개월 이상 병원을 오가는 아이가 평생을 목으로 살아야 하는 가수의 길을 간다는 것은 절대 허락할 수 없는 일이었다.

엄마로서 그것만은 막아야 했다.

그 폐활량으로서는 도저히 노래할 수 없다는 것을 알고 있었던 나로서는 이 세상 모든 직업을 다 허락해도 가수만은 절대 허락할 수 없었다. 더구나 독립이라는 명분아래 행해지는 가출에 결코 고개를 끄덕일 수 없었다.

어떠한 방법을 동원해서라도 장훈이가 경험하고자 하는 그 꿈을 막고 싶었다. 훔칠 수만 있다면 몰래 가져다 숨기고 싶었다. 윽박 질러 해결될 수 있는 일이라면 모진 협박을 해서라도 스스로 그 꿈을 던져버리도록 하고 싶었다.

    그런데 그때 장훈이가 경험하고자 했던 그것을 빼앗았더라면, 훔쳤더라면, 스스로 던지도록 종용했더라면 지금의 가수 김장훈은 없었을 것이다.

    하지만 그 당시 나는 장훈이의 그 찬란한 경험을 빼앗으려 했던 엉터리 엄마였다.
    내 합리적이고 이성적 사고로는 그가 가수가 된다는 것은 거의 불가능했다. 악기라면 또 모르겠으나 목소리는 안 된다고 생각했다.

    아이의 경험을 빼앗는 엄마가 되지 마라.
    우리 자녀들에게 마음껏 경험하게 하라. 그리고 할 수만 있다면 그 경험의 자리에 함께 하는 엄마가 되었으면 좋겠다.
    껍질을 깨고 나온 아이들은 껍질을 깨고 나온 그 경험을 통해 성장한다.
    바다가 보고 싶은 아이에게 바다 사진을 보여주는 어머니가 되지 말라.
    드넓은 바다와 마주했을 때 느끼는 그 벅찬 감동을 느끼게 하라.
    바위섬에 부딪치는 파도소리를 듣게 하라.
    비릿한 바다 냄새를 맡게 하라.
    손가락 사이로 빠져나가는 물 알갱이들의 그 섬세한 촉감을 느끼게 하라.

바닷물에 뛰어들어 온 몸으로 물살을 가르게 하라.

짠 맛을 보게 하라.

그래서 그것이 바다임을 알고 깨닫게 하라.

그 바다를 눈과 가슴 그리고 온 몸으로 품게 하라. 이것이 진정 바다를 갖는 유일한 방법이다. 바닷가에 서 있지 않아도 언제든지 바다를 만날 수 있게 하는 방법이다.

네가 밟는 모든 땅을 네게 주리라!

자신이 꿈꾸어 왔던 전혀 새로운 세상, 그 드넓은 세상으로 나가 비바람을 이겨내는 큰 나무로 자라겠다는 장훈이. 그냥 엄마의 안전한 품에 머물러 있으면서 온실 속의 예쁜 화초로 자라 달라고 강요하는 나. 그 팽팽한 줄다리기는 일주일이나 지속됐다. 누구 하나 전혀 물러설 기세를 보이지 않았다.

둘 다 강적이었다.

그러나 나의 완패였다.

어느날 그냥 집을 나가버린 장훈이는 그날로부터 학교도 그만두었다. 나는 보기 좋게 패했다.

패인을 분석해 보았다. 우선 준비기간이 달랐다. 장훈이는 중학교 1학년 때부터 음악을 위한 가출을 생각했다고 하니 꼬박 3년을 준비한 셈이다. 그에 비해 나의 준비기간은 겨우 1주일에 불과했다. 그것도 '가수'와 '가출'이라는 두 대의 강펀치를 맞고 마룻바닥에 쓰러져 정신을 차릴 수 없는 혼수상태에서 말이다.

각오도 달랐다.

장훈이는 자신의 전 생애와 꿈을 걸고 덤빈 싸움이었지만 나는 겨우 아들에 대한 엄마로서의 기대와 꿈을 건 수준이었다. 장훈이는 죽으면 죽으리라는 각오였다.

장훈이는 엄마가 생각했던 것보다 훨씬 강한 아이였다. 엄마의 보호가 없으면 금방이라도 쓰러져 아무 것도 할 수 없는 나약한 아들이 아니었다. 장훈이는 끝없이 타오르는 태양의 열정을 삼킨 아이였다. 어떠한 고난과 시련에도 굴복하거나 좌절하지 않고 밝게 웃으며 자신의 꿈을 향해 올곧게 진군해 나갈 수 있는 힘과 용기를 가진 아들이었다.

'저 어린 것이 무엇을 할 수 있겠어?'

청소년을 얕보지 마라. 우습게 여기지 말라. 우리 청소년들은 결코 어리지도 나약하지도 않다. 다만 어른들이 그렇게 생각할 뿐이다.

이스라엘의 출애굽 역사를 보라.

40년 광야를 지나 정작 가나안 땅에 들어간 사람들은 출애굽 당시에 청소년이었던 여호수아와 갈렙이었다.

모세가 아니었다.

20세 이하의 청소년들이었다.

하나님은 혹독한 광야를 택해 그들을 최고의 전사로 키우셨다. 가나안 땅을 점령할 수 있는 강한 여호와의 군대로 성장시키셨다.

약속의 땅을 차지하는 언약의 백성으로 삼으셨다. 하나님의 약속을 성취하는 위대한 역사의 주인공으로 세우셨다.

우리 청소년들은 하나님의 계획의 손에 붙잡혀 훈련받고 있는 멋진 전사들이다.

그들을 전쟁터에 따라 나온 코흘리개로 보아서는 안 된다. 부모가 노련한 선임병이라면 우리 청소년들은 이제 갓 들어온 신참병일 뿐이다.

아직은 좀 미숙하고 어설프지만 그들에게도 중요한 임무가 있고 그들이 꼭 지켜야할 자신의 자리가 있는 것이다.

하나님은 우리 청소년들 하나하나에게 당신이 직접 제작한 갑옷을 입히셨다.

하나님의 갑옷을 입은 우리 아이들을 상상해보라.

어떤 광야가 두렵겠는가? 하나님은 우리 청소년들을 결코 벌거숭이로 그 거친 광야에 세워두지 않으신다. 우리 아이들은 하나님의 갑옷을 입은, 하나님이 사용하실 이 시대의 주인공들이다.

두려워하지 말고 내 아이가 밟고 싶은 땅을 밟게 하라.

그리고 차지하게 하라.

"네가 밟는 모든 땅을 네게 주리라!" (여호수아 1장 3절)

아이가 자신의 지경을 넓히도록 엄마가 도와주어야 한다.

그날 장훈이가 집을 나서며 뗀 그 첫걸음이 하나님이 장훈이를 위해 예비해두신 약속의 땅으로 내딛는 첫걸음이었음을 나는 10년이 지나서야 알 수 있었다. 자신의 지경을 넓히기 위한 첫 걸음이었음을 깨달을 수 있었다.

안전하고 비옥한 땅 애굽을 떠나지 않고서는 절대 약속의 땅 가나안으로 갈 수 없다. 홍해를 건너지 않고는 가나안으로 들어갈 수 없다. 광야를 거치지 않고서는 약속의 땅을 밟을 수 없다.
홍해를 건너지 않고 광야를 거치지 않으면 가나안도 없다.

내 아이의 지경이 넓어지기를 원하는가?
지금 당장 광야로 내보내라. 두려움없이 박수치며 보내라. 그리고 그곳에서 거친 모래바람을 맞게 하라. 지독한 목마름과 뼈 속을 파고드는 밤의 추위도 체험하게 하라. 그리고 바위에서 터져 나오는 샘물과 하늘에서 떨어지는 만나와 메추라기를 먹게 하라.
내 아이를 결코 얕보아서는 안 된다.
우리 자녀들은 엄마의 자궁에 착상되기 전부터 3억대 1의 경쟁을 뚫고 만들어진 위대한 생명체가 아닌가! 더구나 사람은 하나님이 직접 자신의 생기를 불어 넣어 만든 특별한 존재다. 내 아이 안에 그 하나님의 그 무한한 생명력이 있다.
엄마들은 내 아이가 아직 어리고 나약하다고만 느껴질 때마다 그들 안에 있는 하나님의 무한한 생명력과 가능성을 보아야 한다.

끝없이 앞으로만 질주하는 생동감 넘치는 강한 힘이 그들 속에서 꿈틀거리고 있음을 기억해야 한다.

그들 안에 광대한 우주가 있다.

하나님의 눈으로 내 아이를 보라.

거기에 해답이 있다.

어른은 아이들에게 살아오면서 경험한 것들을 말한다. 그래서 항상 불안하다.

"얘야, 그쪽으로 가면 길이 없어. 낭떠러지야"

"얘야, 너 그것으로는 밥 먹고 살 수 없어." 등등...

어른들이 알고 있는 지식, 경험때문에 자녀들에 대해서 자꾸 불안과 염려가 생긴다.

그러나 우리 아이들은 한 번도 살아 보지 못한 시간 안으로 들어가려고 한다.

가게 하라.

아이가 경험하려고 하는 미지의 세계는 온통 호기심으로 채워져 있다. 아무리 설명해 줘도 그들은 알지 못한다. 만져보고 느껴봐야 한다. 직접 가서 경험해 봐야 알게 된다.

이런 경험을 뺏을 권리가 우리에게는 없다. 오직 경험하도록 할 수밖에... 바로 그것이 그들의 생생한 삶의 원천이다.

제2장

내 생각의 틀을 깨라

독수리는 자기 새끼를 벼랑 끝으로 데려간다.
그리고 벼랑 아래로 떨어뜨린다.
새끼 독수리는 엄마 독수리를 원망한다.
"비정한 엄마!"
하지만 새끼 독수리는 단 몇 초도 지나지 않아
곧 깨닫게 된다.
자기 자신도 엄마 독수리처럼
날 수 있다는 사실을 알게 되는 것이다.
자기에게 날개가 있었다는 사실을
발견하게 되는 것이다.
자신이 그 넓은 하늘의 제왕임을 배우게 되는 것이다.
그렇다.
우리는 벼랑 끝으로 완전히 추락했을 때에만이
나에게 날개가 있었다는 사실을 깨닫게 된다.

엄마, 제발 나 좀 풀어줘

분재를 좋아하는 분들에게는 참 죄송스러운 이야기지만 나는 분재를 싫어한다. 큰 나무로 자랄 수 있는 생장점을 잘라 억지로 자라지 못하게 하여 방안에 들여놓고 또 철사로 동여매져 그 소유자의 뜻대로 자라고 있는 분재를 보고 있노라면 요즘 우리 청소년들을 보는 것 같을 때가 있다.

그 굵고 거친 철사가 우리 아이들의 순수한 영혼을 얽어매고 뽀얀 맨살 위를 파고 들어 아픔을 주고 있다는 생각에까지 미치면 실제 내 살까지 아파오는 느낌을 받는다.

엄마가 좋아하는 모양을 만들기 위해 아이의 팔을 꺾고 다리에 굵은 철사를 휘감고 때로는 목을 비틀어 버리는 우를 범하는 안타까운 모습 앞에서 나도 아프다. 내가 그런 엄마였기 때문에 더욱 아프다. 엄마의 그 횡포 앞에서 꼼짝없이 아파했을 내 아이를 생각하면 눈물이 솟구친다. 자녀를 분재로 키우려는 나와 같은 엄마가 없기를 바라는 마음이 간절하다.

분재로 자라나는 아이들의 마음에는 모두 하나같이 커다란 좌절과 절망이 자리하고 있다. 그들은 끊임없이 엄마에게 간절한 메시지를 보낸다.
"너무 아파. 엄마, 제발 이 철사 좀 끊어줘!"
"더 이상 못 견딜 것 같아! 정말 죽을 것 같아. 제발 나 좀 풀어줘."
하지만 대부분의 엄마들은 그 소리를 듣지 못한다. 그냥 아이들의 투정이나 반항쯤으로 생각한다.
그래서 더 꽁꽁 동인다. 아주 꼼짝하지 못하도록 싸매고 또 싸맨다. 투정과 반항의 몸부림은 처음부터 아주 강하게 눌러 버려야 한다고 생각한다.
이것이 비극의 시작이다. 아이는 풀어 달라고 아우성을 치는데 엄마는 사랑하는 아이를 위해 더 동여매야 한다고 결심하는 것이다. 이러한 엄마와 자녀의 간극 사이에 쌓여가는 것이 분노다. 이렇게 차곡차곡 쌓여가는 분노는 마치 우라늄 농축과 같은 엄청난 폭발력을 갖고 있다.

성경이 자녀를 노엽게 하지 말라고 가르치는 이유가 여기에 있다.

공기가 빵빵한 공을 강하게 눌러보라. 반발력에 의해 멀리 튀어나간다. 그것이 정상이다. 가만히 앉아 압력을 견디는 것이 오히려 비정상적이다.

왜 튀어 나가는가? 살려고 나가는 것이다.

나도 처음에는 튀어 나간 장훈이만 탓했다. 세상 물정 모르는 철없는 아들의 가출로 치부하며 가출로 인해 빚어진 모든 잘못을 장훈이에게 지웠다.

그때까지만 해도, 적어도 나는 자식을 위해 생명까지도 버릴 수 있는 헌신적인 엄마로 살아 왔었노라고 자부했었다. 자녀의 모든 필요를 미리 알아서 채워주는 멋진 엄마로 여기며 당당하게 지내왔다. 아들의 성공을 위해 밤낮으로 불공까지 드리는 꽤 괜찮은 엄마라고 생각했었다.

당시에 나는 불교의 골수분자였다.

지금은 목사가 되었지만 그 당시 나는 대한불교 조계종 총무원장으로부터 법명과 감사패를 직접 받을 정도의 열성적인 불교신자였다. 절을 올리기 시작하면 무릎이 까질 정도로 삼천 배를 올리는 신심 깊은 불교도였다.

하지만 언제부터인가 모든 것이 이가 맞지 않는 문짝처럼 삐걱거리기 시작했다.

사업의 실패와 연속된 보증채무, 이 둘의 결과에 꼬리표처럼 붙어다니는 끈질긴 빚 독촉, 그리고 이어진 장훈이의 가출. 나는 끝이 어디인지 모를 깊고 어두운 골짜기로 떨어지고 있었다.

절망의 늪은 깊어만 갔다.

괴로울 때마다 산사를 찾아 온 정성을 다해 삼천 배를 올렸지만 마음은 더 공허해져 갔다.

길 잃은 마른 검불처럼 이리 저리 굴러다녔다.

그때는 몰랐다.

하나님께서는 오래 전부터 나를 지켜보고 계셨다는 것을.

그리고 선택하셨다는 것을.

우리가 살아가다 보면 때때로 벼랑 끝에 선 기분을 느낄 때가 있다.

조금 더 정확하게 이야기 한다면 누군가에 의해 끝없이 벼랑 끝으로 내몰리고 있다는 느낌을 받을 때가 있다.

하나님은 왜 당신의 자녀들이 벼랑 끝으로 내몰리는 것을 보고만 계실까?

그리고 때로는 왜 직접 벼랑 끝으로 내모시는 걸까?

나는 독수리에게서 그 비밀을 배웠다.

독수리는 자기 새끼를 벼랑 끝으로 데려간다. 그리고 벼랑 아래로 떨어뜨린다. 새끼 독수리는 엄마 독수리를 원망한다.

"비정한 엄마!"

하지만 새끼 독수리는 단 몇 초도 지나지 않아 곧 깨닫게 된다. 자기 자신도 엄마 독수리처럼 날 수 있다는 사실을 알게 되는 것이다. 자기에게 날개가 있었다는 사실을 인지하게 되는 것이다. 자신이 그 넓은 하늘의 제왕임을 배우게 되는 것이다.

그렇다.

우리는 벼랑 끝으로 완전히 추락했을 때에만 나에게 날개가 있었다는 사실을 깨닫게 된다. 추락의 속도 속에서 아주 빠르게 하나님이 주신 희망의 날개가 있음을 알게 되는 것이다. 그리고 그 날개를 파닥이며 공기를 가르고 더 높은 하늘 위로 비상할 수 있는 힘도 주셨음을 알게 되는 것이다. 그것을 깨닫는데는 그리 오랜 시간이 걸리지 않았다.

어디서 들리는 노래일까?

　　　　장훈이는 묵인된 가출상태로 이미 독립된 생활을 하고 있었고 큰 딸은 결혼해 집을 떠난 상태였다.
　빚쟁이들에게 모든 것을 빼앗기고 겨우 작은 주공아파트 하나를 얻어 둘째 딸과 함께 생활하고 있었다. 햇빛조차 싫었다. 두껍고 어두운 커튼으로 집안의 모든 창을 가렸다. 무려 1년 동안을 그렇게 살았다.
　나를 에워싼 모질고 억센 환경이 초라한 내 심장을 향해 거칠고 날카로운 창끝을 세우고 있었다.
　단 한 발짝 앞으로 내딛을 수도 단 한 발짝 뒤로 물러 설 수도 없는 절박한 상황이었다.
　하루에도 몇 번씩 그 창끝을 향해 몸을 던지고 싶었다.

차라리 붉은 피라도 철철 흘리면 답답한 가슴이 뻥 뚫릴 것 같았기 때문이다. 극심한 우울증이라는 진단을 받았다.

어느 날 자정이 넘도록 잠이 오지 않아 거실을 지나 부엌으로 가려던 순간 딸의 방에서 숨죽여 우는 소리가 들렸다.

조금 열려진 문틈 사이로 기도하는 딸의 모습이 보였다. 당시 둘째 딸은 교회에 나가고 있었고 그 신앙의 힘을 통해 자신의 모진 운명을 극복해 나가고 있는 것 같았다.

착한 딸은 못난 엄마를 위해 울음을 삼키며 통곡의 간구를 올리고 있었다.

"하나님, 불쌍한 우리 엄마 … 불쌍한 우리 엄마 …" 그것은 기도가 아니라 흐느낌에 가까웠다.

딸은 말을 잇지 못하고 안타까운 눈물만 흘렸다. 방 안을 비추는 달빛 아래에서 여린 어깨의 들썩임을 보았다.

나도 모르게 왈칵 눈물이 쏟아졌다. 그 눈물의 온도 때문일까 북극의 빙하처럼 차갑게 얼어붙었던 내 마음이 녹아내리기 시작했다. '텅! 텅!' 소리를 내며 빠르게 갈라지기 시작했다.

그렇다고 그 다음날 곧장 딸아이를 따라 교회에 나간 것은 아니었다. 그렇게 쉽게 무너질 심상이 아니었다.

하지만 달라진 것도 있었다. 우선 나를 캄캄한 암흑 속에 가두었던 커튼을 걷었다. 그리고 가끔 외출도 하며 예전에 만났던 친구들을 만나 수다도 떨었다.

 하지만 시간이 지나도 경제적 상황은 나아지지 않았다. 몸담고 있는 작은 둥지마저 빚쟁이들 손에 넘겨주게 된 것이다. 딸아이와 함께 지낼 수 있는 궁색한 보금자리마저 빼앗기고 나니 정말 앞이 캄캄했다. 평소 알고 지내던 지인에게 사정이야기를 했더니 자기 집 문간방을 내주었다.
 그 분은 신앙심 깊은 기독교 신자였다.
 진심어린 그 분의 전도 덕분에 나는 자연스럽게 교회로 향했다.

 회중들이 다함께 찬송을 불렀지만 눈으로 가사만 따라 읽을 뿐 함께 부를 수가 없었다.
 태어나 처음으로 성경책을 폈다. 옆 사람의 도움을 받아 겨우 본문을 찾을 수 있었지만 도통 무슨 이야기인지 알 수 없었다.
 목사님의 설교 말씀도 태어나서 처음 듣는 이야기였다.
 그런데 신기한 것은 예배 첫날부터 찬송 소리만 들어도 설교 말씀만 들어도 하염없이 뜨거운 눈물이 쏟아지기 시작했다. 창피한 생각이 들어 눈물을 멈추려 했지만 멈추어지지 않았다. 까닭 없는 눈물에 당황한 것은 함께 한 지인과 교인들뿐만이 아니었다. 정작 더 놀란 것은 울고 있는 나 자신이었다.
 그날부터 꼬박 그렇게 2년을 쉬지 않고 울며 다녔다.
 그 멈추지 않는 통곡 속에서 나는 깊이 하나님을 만났다.

면도칼,

고집쟁이,

독불장군,

교만덩어리 김성애가 하나님을 만났다.

내 자녀가 벼랑 끝에 서 있는가?

아니면 엄마 자신이 벼랑 끝에 서 있는가?

그것도 아니면 자녀와 엄마의 관계가 벼랑 끝에 서 있는가?

하나님을 만나라.

우리를 만드신 그 분을 만나라.

그것 하나로 충분하다.

나는 그것을 벼랑 끝에 서서 울음으로 배웠다.

이 못난 엄마를 용서해다오

내가 하나님을 만났지만 장훈이에게 엄마는 여전히 절대 무너지지 않는 난공불락의 견고한 바벨탑이었다.

장훈이가 아무리 성벽을 두드려도 나는 대답하지 않았다.

그 작은 주먹에 피가 흘러도 미동도 하지 않았다.

달려와 머리를 박고 온 몸을 부딪쳐도 끄덕도 하지 않았다.

깨지고 으스러지는 건 장훈이의 그 작은 몸뿐이었다.

콩닥거리는 그 작은 심장뿐이었다.

그런데 예배당 앞줄에 앉아 2년을 울고 나니 50년을 쌓아온 나의 바벨탑이 보이기 시작했다.

어느 날, 기도 중에 주님이 내 마음에 찾아오셨다.

나는 그 날도 평소처럼 혼자 성전 바닥에 엎드려 알 수 없는 눈물만 흘리고 있었다. 그때 주님이 내게 다가와 당신의 손을 내미셨다.

주님은 당신의 그 따뜻한 손으로 나의 차가운 성벽을 어루만지셨다. 부드러운 손길로 나의 딱딱한 심장을 만지셨다.

그 순간, 절대 무너질 것 같지 않았던 내 안의 바벨탑이 삽시간에 와르르 무너지기 시작했다.

폭포수처럼 눈물이 쏟아졌다.

아! 그때, 나는 그 눈물 속에서 내 아이들을 보았다.

엄마의 강퍅한 가슴을 두드리다 피멍이든 손을 보았다.

따뜻한 엄마의 말 한 마디를 기다리다 지친 실망의 눈을 보았다.

방황하다 쓰러진 야윈 몸을 보았다.

'얼마나 아팠을까? 태산같은 엄마의 벽 앞에서 얼마나 좌절하고 절망했을까?

완고하고 권위적인 엄마 앞에서 그 작은 심장은 얼마나 파닥였을까?

나는 알지 못했다. 얼마나 큰 상처를 내고 있었는지…

가끔 무섭도록 괴롭히는 공황장애도 어쩌면 그런 상처들로부터 기인한 것인지도 모른다.

어린 자녀나 청소년을 자녀로 둔 어머니들은 나 같은 어리석음을 범하지 않기를 바란다. 지금 나처럼 후회하며 아파하지 않기 바란다.

안쓰럽고 미안하고 죄스런 마음에 가슴이 갈기갈기 찢어졌다.

더 이상 앉아 있을 수가 없었다. 기도를 계속할 수 없었다. 당장 장훈이를 만나야 했다. 무릎을 꿇고 용서를 빌어야 했다. 홀로 견디느라 피투성이가 되었을 몸 구석구석을 살펴야 했다.

서둘러 기도를 마치고 집으로 달려가 장훈이를 불렀다.

그리고 아들 앞에 정중하게 무릎을 꿇었다.

당황해 어쩔줄 몰라하는 장훈이의 손을 잡으며 아들의 눈을 부드럽게 바라보았다. 그리고 말했다.

"이 못난 엄마를 용서해다오. 나는 좋은 엄마가 될 준비가 덜 되어 있었던 것 같다. 네가 무엇을 원하는지 엄마는 전혀 알려고 하지 않았다. 그동안 엄마의 고집대로 사느라 얼마나 힘들었니. 얼마나 외롭고 아팠니. 엄마의 일방적인 강요에 얼마나 화가 났었니. 장훈아! 내 사랑하는 아들 훈아! 지금이라도 늦지 않았다면 이 나쁜 엄마를 용서해 줄 수 있겠니?"

나는 눈물을 흘리며 장훈이에게 진심으로 사과하며 용서를 구했다.

장훈이도 엄마의 이야기를 들으며 울고 있었다. 낮에는 손수레를 끌고 수박 장사를 하고 밤에는 쉬지도 못한 채 바로 연습실로 달려가 가수의 꿈을 키우고 있는 그 억척스런 녀석, 라면 하나로 끼니를 때우며 목이 터져라 밤새 노래 연습을 하는 그 강한 녀석의 두 눈에서 닭똥같은 눈물이 뚝뚝 떨어지고 있었다.

"훈아, 정말 미안하다. 미안해. 얼마나 힘들었니?"

두 볼을 타고 하염없이 흐르는 눈물을 닦아주며 또다시 용서를 빌었다.

장훈이가 내 품에 와락 안겼다.

엄마의 따뜻한 품이 가장 필요했던 바로 그 시간에 나는 장훈이를 단 한 번도 안아주지 못했었다. 아니 따뜻하게 손 한번 잡아주지 못했었다. 심장이 뼈근하게 저려왔다.

'아들아, 정말 미안하다. 정말……정말……미안하다. 그리고 정말 사랑한다.'

나는 마음속으로 외치고 또 외쳤다.

우리 모자는 그렇게 한참을 울었다.

언제가 모 TV 프로그램에서 장훈이가 한 말이다.

"저는 우리 엄마가 나에게 절대 용서를 구할 사람이 아니라고 생각하고 살았어요. 그런데 어느 날 우시면서 나에게 용서를 구하는 거예요. 그때 나의 모든 것이 녹아 내리기 시작하는데 마치 태산이 내 마음 속에 들어와 한꺼번에 무너지는 느낌이었어요."

장훈이와 나는 새벽이 밝아 오도록 이야기를 나누었다.

그리고 그 솔직한 대화를 통해 아들이 정말 자신의 생 전체를 걸고 가수가 되려 한다는 사실을 알게 되었다.

"훈아, 네가 가수가 되는 것을 허락하마."

장훈이의 두 눈이 반짝였다.

"엄마, 정말 고맙습니다."

장훈이가 내 두 손을 꽉 잡았다.

"하지만 한 가지만 약속해 다오. 가난한 엄마를 돕기 위해 절대 노래하지 마라. 돈 때문에 노래한다면 엄마는 그 돈을 받지 않겠다. 너의 행복을 위해 노래를 부르렴."

그날 이후 장훈이는 몰라보게 달라졌다.

얼굴 표정이 환해진 것은 말할 것도 없고 목소리와 어깨 높이까지 달라졌다. 생활은 여전히 고달프고 힘들었겠지만 매사에 활력과 생동감이 넘쳤고 매사에 자신감 넘치는 "씽글쌩글"한 사람으로 변해갔다.

나와의 관계도 많이 회복되었다. 우리는 점차 친구가 되어갔다. 허물없이 힘든 이야기와 재미있었던 이야기도 나눌 수 있는 사이가 되어갔다. 물론 장훈이의 불규칙한 생활과 볼썽사나운 외모 때문에 한꺼번에 모든 것을 완전히 받아들일 수는 없었지만 예전처럼 그것이 우리 모자 관계를 냉각시키지는 않았다.

우리는 그때서야 조금씩 서로를 알아갔다.

엄마가 무너져야 자녀도 무너진다.

엄마에게도 아이 앞에서 무릎을 꿇고 용서를 빌 수 있는 용기가 필요하다고 생각한다. 서로의 바벨탑이 무너지지 않으면 절대 따뜻한 손과 손, 가슴과 가슴이 만날 수 없다. 어깨동무를 한 채 나란히 걸을 수 없다.

오늘 밤 잠든 아이 곁으로 조용히 다가가보라. 엄마의 완고한 가슴을 두드리다 두 손에 피멍이 들지는 않았는지 그 작은 가슴에 절망의 상처가 나지는 않았는지 살펴보고 또 살펴보라. 그리고 천사같은 그 얼굴을 바라보며 용서를 구할 일이 없는지 조용히 생각해보라. 말하기가 쑥스럽다면 작은 쪽지로 마음을 전해보는 것도 좋겠다.

엄마가 먼저 자신을 깨뜨려야 한다.

'예수'라는 프레임으로 세상을 보게 하라

2011년 봄 캐나다에서 열린 유스코스타(Youth KOSTA ; 유소년국제복음주의학생연합회)에서 참석 학생들에게 세계관에 대해 강의한 적이 있다. 주최 측에서는 세계관 전반에 관해 설명해 달라는 취지로 정한 주제였는지는 모르겠지만 나는 '기독교적 세계관'에 대해서만 말하기로 했다. 하기야 기독교적 세계관이라는 제목조차도 할머니 목사에게는 매우 버거운 주제였다. 고민 중에 평소 우리 교회 아이들에게 강조하던 바로 그 이야기를 해주는 것이 좋겠다고 생각했다.

바로 '예수'라는 렌즈로 세상을 보라는 것이었다.

그래서 나는 유스코스타에 참석한 학생들에게 이렇게 말했다.

"애들아, 예수라는 프레임으로 이 세상을 보렴. 그것이 우리 신앙인들이 반드시 가져야 할 올바른 세계관이란다.

'나는 장차 어떤 꿈을 가지고 그 꿈을 실현해 가며 살 것인가?'를 고민하겠지.

너희들의 꿈을 예수라는 렌즈에 초점을 맞추어라. 그럴 때 그 꿈이 선명하게 보일 것이다. 예수의 프레임 안에서 크게 확대되어 드러나게 될 것이다.

마찬가지로 '나는 장차 어떤 직업을 가질 것인가?'도 고민하겠지.

세상에는 헤아릴 수 없이 많은 종류의 직업이 있다. 그래서 내게 딱 맞는 직업을 선택하기가 쉽지 않다.

하지만 예수라는 렌즈로 들여다 보면 어떤 직업이 그 렌즈 안으로 확대되어 들어 올 것이다. 그것을 선택하면 된다. 예수의 프레임 안에 들어온 모든 것들이 너희가 누려야 할 것들이다. 거기에 인생의 가치를 부여할 때 너희들은 길을 잃지 않을 것이며 방황하지 않게 된다. 이런 분명한 잣대를 가지고 살아가는 젊은이들이 세상을 이끌어 간다. 너희들의 비전은 예수의 프레임으로 세상을 바라볼 때만 선명하게 보여진다."

강의 후 나는 한 여고생으로부터 쪽지를 받았다.

"목사님 감사합니다. 그동안 세계관에 대해 많은 강연을 들었지만 이렇게 분명하게 설명해 주신 분은 목사님이 처음이었습니다."

할머니 목사의 이야기를 그렇게 마음 깊이 이해해 주니 내가 오히려

고맙고 감사했다.

우리는 다양한 프레임을 통해 세상을 본다. 그중 가장 선호되는 프레임은 역시 돈과 권력, 그리고 명예의 프레임일 것이다.

돈이라는 프레임을 통해 보여 지는 세상은 부요와 가난으로 나누어지며 우리 모두는 부요에 속하길 바란다.

권력이라는 프레임으로 보여 지는 세상은 지배와 피지배로 나누어지며 우리 모두는 누군가를 지배할 때 행복해진다고 생각한다.

명예라는 프레임을 통해 보여 지는 세상은 귀한 것과 천한 것으로 나누어지며 우리는 귀한 것으로 대접받을 때만이 인간답게 사는 것이라고 여기게 된다.

이것은 다음과 같은 엄마와 자녀의 대화에서도 잘 나타난다.

"엄마, 나 새로운 친구가 생겼어."

아이에게 새롭게 친한 친구가 생겼다고 하는데 엄마의 반응은 이렇게 나타난다.

"그래, 그 친구 공부는 잘 하니?"

"부모님은 뭐하는 분이니?"

"집안 형편은 어때?"

많은 엄마들이 무의식중에 "너는 친구를 사귈 때도 돈과 권력과 명예의 프레임으로 보아야 한다"고 강요하고 있는 형국인 것이다.

이처럼 돈이라는 프레임으로만 세상을 보게 하면 우리 자녀는 평생 "조금만 더 벌고, 조금만 더 벌자" 하다가 일생을 마감할 수도 있다.

권력이라는 프레임으로만 세상을 보게 하면 누군가를 밟고 일어서지 못한 분노로 수많은 불면의 밤을 보내야 할 것이다.

명예라는 프레임으로만 세상을 보게 하면 더 높은 곳만 쳐다보느라 어깨 아래에 있는 일상의 작은 행복을 단 한 번도 누려보지 못한 채 삶의 마지막 순간에 "세상은 너무나 살기 힘든 곳이었다"라고 말할 것이다.

하지만 '예수'라는 프레임으로 세상을 보면 상황은 완전히 달라진다.

"삭개오같은 왕따가 너의 친구다."

"강도 만난 사람처럼 고통 가운데 버려진 사람이 너의 친구다. 헐벗고 가난한 이웃이 너의 친구다."

"이 세상에는 사랑을 받지 않아도 될 만큼 부요한 사람도, 사랑을 줄 수 없을 만큼 가난한 사람도 없다. 사랑하고 사랑받는 세상 모든 사람이 너의 친구다."

그렇다면 왜 예수라는 프레임은 돈과 권력과 명예를 프레임 밖으로 밀어내는가?

거기에는 다음과 같은 아름다운 패러독스가 있기 때문이다.

바로 예수라는 프레임 안에서는 강한 자가 약하게 되고 약한 자가 강하게 되며, 부한 자가 가난해 지고 가난한 자가 부하게 되고, 높은 자가 낮아지고 낮은 자가 높아진다는 역설이 당연하게 받아들여지기 때문이다.

2장 내 생각의 틀을 깨라

이 땅의 모든 엄마들이 우리 아이들에게 예수라는 프레임을 통해 세상을 보도록 하면 좋겠다. 그 이유는 예수라는 프레임을 통해서만 강한 자가 손을 내밀어 약한 자를 일으켜주고, 부한 자가 가난한 자에게 아낌없이 나누어 주며, 높은 자가 오히려 낮은 자를 섬기는 아름답고 황홀한 광경을 볼 수 있기 때문이다.

예수라는 프레임을 통해 세상을 본 아이들은 이렇게 외칠 것이다.
"아직 세상에는 사랑과 희망의 그루터기가 남아 있다.
그래서 나는 더 높고 더 넓고 더 깊은 꿈을 꿀 것이다!"
예수라는 프레임으로 세상을 보는 사람의 영혼은 자유롭다.
그 영혼은 넓은 하늘, 바다, 산들을 마음껏 헤엄친다.
세상, 돈, 명예, 권력 만을 바라보며 추구하는 인생은 그것에 얽매일 수밖에 없다.
사람은 각자 다른 사상과 가치관을 가지고 살아간다.
가치관이란 '나는 이 세상에서 어디에, 무엇에, 가치를 두고 살아가는가?'이다.
한 사람의 가치관의 기준이 그 사람 자체이다.
바로 그 사람의 전 인격이다.

나누며 봉사하는
자녀로 세우라

인간은 궁극적으로 행복하기 위해 노력하며 산다.
열심히 공부하는 것, 좋은 학교, 좋은 직장에 들어가는 것, 이 모든 것들은 결국 행복해 지고자 하는 행위들이다. 그리고 여러 방법으로 행복을 추구한다. 하지만 순간순간 행복을 맛보기는 해도 그 행복이 영원하지 않다.

그리고 사람들은 행복하기 위해 여러 가지 물건들을 끌어 모은다.

하지만 끌어 모은 것들이 어느 날엔가는 허접한 잡동사니가 되고 만다. 홈쇼핑에서 사들인 물건들, 목마르게 탐닉한 지식들, 때론 이런 것들을 다 쓸어 청소해 버리고 싶은 충동을 느껴본 적이 있을 것이다.

그러나 나누고 봉사하는 기쁨과 행복감은 시간이 가면 갈수록, 하면 할수록 더 행복하고 인생에 만족을 준다. 우리의 마음이 한 없이 풍요로워진다.

누가 나에게 이런 말을 했다.
"아드님이 어떻게 그런 좋은 일을 많이 하고 살지요? 참 대단해요. 그런데 그 많은 돈들이 아깝지 않으세요? 이젠 그만 하고 나이 들어서 살아갈 노후대책도 좀 생각해야 되지 않아요? 엄마가 좀 말해 주세요"

하지만 나는 그냥 웃었다. 나는 그런 아들이 대견스럽고 자랑스럽다. 그는 자기가 행복할 수 있는 길을 찾은 것이다. 행복이 인생의 목적이라면 이미 그는 성공한 것이다.

월세에 살면서 그렇게 기부를 하느냐고 묻는다. 하지만 그는 집이라는 개념이 우리와는 다르다. 소유의 개념이 아니라 집은 편하고 자유롭게 쉬는 개인적인 공간이라고 생각하기 때문이다.
그는 먹는 것, 입는 것을 절약해서 남을 돕는다고 말하지 않는다. 또 나누는 것을 어떤 의무나 사명이라고 여기지도 않는다. 그렇게 사는 것이 그의 인생이다.
그는 사회사업가도 아니다. 다만 자기가 받은 사랑이 많아 함께 나눈다고 말한다. 그것은 그의 삶의 방식이다. 자기 인생의 가치관이라고 할 수 있다. 아들은 입버릇처럼 말한다.

"나는 팬들에게 과분하게 받은 사랑을 나누어 주는 통로일 뿐입니다."

나누며 섬기는 행복을 그는 터득했다.

요즘 떠오르는 베스트셀러 작가 이지성 씨가 한 말이 생각난다.

"유명한 작가로 꿈을 이루고 나면 행복할 줄 알았습니다. 그런데 꿈 같은 행복도 2주 정도 지나니 뭔지 모르게 허탈해 지고 마음의 방향을 잡지 못하고 방황했습니다."

그의 마음이 공황상태에 빠져 들더라는 것이다. 15년씩이나 무명작가로 고생하다 얻은 엄청난 기회였으나 그에게 진정한 만족은 주지 못했다.

그런데 우연치 않게 팬들과 함께 봉사 클럽을 만들어 봉사하기 시작했는데 거기서 진정한 삶의 의미와 만족한 행복을 맛보고 있다고 말했다. 진정한 행복을 발견한 것이다.

제3장

아이가 마음껏 꿈꾸게 하라

꿈에는 생명이 있다.
그것은 아이 스스로 뿌린 씨앗으로 발아된다.
그리고 자신의 능력과 의지, 기쁨과 희망,
좌절과 눈물을 먹고 마시며 자라난다.
시간이 되면 그 꿈은 빨강 꽃으로 피어나기도 하고
노랑꽃으로 피어나기도 한다.
때로는 수십 수백 가지의 색으로 피어나기도 한다.
열매 또한 다양하다.
동그란 것도 있고 네모난 것도 있다.
말랑말랑한 것도 있고 딱딱한 것도 있다.
다른 사람들은 그 열매의 가격이나 크기로 평가하지만
아이는 그 열매에 우열을 두지 않는다.
스스로 꿈꾸어왔던 것을 열매 맺었기 때문이다.
자신의 꿈을 이룬 사람이 아주 작은 것에도 만족하며
행복해할 수 있는 이유가 여기에 있다.
 '아이로 꿈꾸게 하라'
사람의 자존감은 자아실현으로 세워진다.
작은 꿈 하나를 이룬 아이는 당당하게 다음의 꿈을 준비한다.
꿈꾸는 젊은이들을 통해 역사는 쓰여진다.
꿈과 열정에 몸과 마음을 태우는 그런 젊은이들이 모여
세상을 바꾸어 간다.

보호자가 되지 말고 팬이 되라

　내가 아들에게 용서를 빌고 장훈이가 나의 진심어린 사과를 받아 들였다고 해서 갑자기 내 눈에 장훈이의 모든 행동이 예뻐 보인 것은 아니었다.
　여전히 노랑과 빨강으로 염색한 꽁지머리는 매번 볼 때 마다 "꼭 머리를 그렇게 하고 다녀야 음악이 잘 되니?"라고 잔소리를 하고 싶은 마음이 목구멍까지 찰 만큼 눈에 거슬렸다. 가끔 그것도 아주 밤늦게, 오히려 새벽 일찍이라고 하는 것이 나을 그 시각에 들어오는 불규칙한 생활도 무척 마음에 안 들었다.
　가수 김장훈을 기꺼운 마음으로 인정하고 받아들이는 데는 시간이 필요했다. 사실 시간보다는 어떤 계기가 필요했다.

그런데 그 계기는 생각지 않은 기회에 주어졌다.

지금 와서 돌이켜보면 장훈이와 나의 화해를 축복하는 하나님의 깜짝 선물이었다고 생각된다.

어느 날 아침, 장훈이의 방을 청소하다가 편지로 보이는 종이뭉치 몇 묶음을 발견했다.

편지들은 빨간 나일론 끈으로 단단하게 묶여 있었는데 오래된 것도 있어 지저분해 보였다.

딱히 정돈해서 잘 정리해 둘 수납장 하나없는 변변치 못한 협소한 살림살이지만, 깨끗하게 정리해두려는 마음에 편지를 묶어 놓은 끈을 풀었다.

수신인은 모두 '김장훈' 이었다. 모두다 장훈이가 누군가에게 받은 편지들이었다. 아들이 받은 편지를 몰래 읽어보고 싶은 엄마의 야릇한 호기심이 불쑥 일었다.

편지 한통을 열어 얼른 읽었다.

"오빠, 저 고등학교 졸업과 함께 농협에 취직했어요. 축하해 주세요. 어제 첫 월급을 탔는데 그 돈으로 오빠가 출연하는 콘서트 티켓을 한 장 샀어요. 오빠가 경원대 노천극장에서 몇 명 안 되는 사람들 모아놓고 열정적으로 노래하던 모습이 생각나네요. 노래가 끝나고 다른 노래가 시작될 때까지 오빠가 고생했던 이야기 해 주셨잖아요.

사실 그때 제 상황은 죽고 싶을 만큼 힘들었거든요. 그런데 장훈 오빠의 노래를 들으며, 오빠의 이야기를 들으며 큰 힘을 얻었어요. 그래서 나도 오빠처럼 내 꿈을 향해 열심히 한번 살아보겠다고 결심했죠. 아마 오빠를 만나지 않았다면 오빠의 노래를 듣지 못했다면 지금의 저는 없을지도 모르겠네요. 오빠, 정말 고마워요. 콘서트 장에 가서 열심히 응원할게요."

대충 이런 내용의 편지였던 것으로 기억 한다.

나는 그 편지를 읽는 내내 흐르는 눈물을 멈출 수가 없었다. 편지의 주인공인 그 여학생의 형편이 딱해서가 아니었다. 그것은 슬픔의 눈물이 아니었다. 감격과 감사의 눈물이었다. 내 아들의 전혀 새로운 모습을 본 환희의 눈물이었다. 가수 김장훈을 만난 기쁨의 눈물이었다.

나는 아예 빗자루를 내려 놓고 털썩 주저앉아 다음 팬레터를 또 읽었다.

"형님, 오늘은 라면이라도 드셨는지 모르겠네요. 건강 챙기면서 연습하셔야죠. 형님 노래는 웬지 내 영혼을 울리는 것 같아요. 형님은 그냥 노래를 부르는 것이 아니라 마치 자신의 삶을 멜로디에 얹어 세상을 향해 외치고 있다는 생각이 들어요. 그래서인지 형님 노래를 듣고 돌아오면 그동안 쌓였던 외로움이 한 순간에 사라지는 것 같아요. 형님도 때로는 많이 외롭고 힘드시겠지만 형님을 좋아하고 또 형님의 노래를 사랑하는 우리를 보아서라도 항상 힘내세요. 파이팅!"

습기 차고 그 음산한 지하실에서 라면으로 한 끼를 때우며 목에서 피가 터지도록 연습하고 있을 장훈이를 생각하니 마음이 아팠지만 그 역경을 딛고 이렇게 누군가에게 인정받고 사랑받고 관심받고 있는 사람으로 성장했다고 생각하니 너무나 대견하고 뿌듯했다.

다음, 그리고 또 다음, 이어지는 편지들을 읽어 내려가는 동안 나는 장훈이의 팬들을 통해, 그들의 마음과 눈을 통해 아들을 보게 되었다. 팬들이 알고 있는 장훈이는 예전에 내가 알고 있었던 말썽꾸러기 아들이 아니었다. 가출 청소년이 아니었다. 그는 당당한 어른으로 자라 있었다. 자신의 노래와 또 자신의 삶을 통해 많은 사람들에게 이미 큰 영향력을 끼치고 있는 음악인으로 자리매김하고 있었다.

수백 통이 넘는 편지를 다 읽어갈 즈음, 문득 나도 가수 김장훈의 팬이 되고 싶다는 엉뚱한 생각을 했다.

나는 편지가 어질러진 장훈이의 방에서 무릎을 꿇었다.

그리고 정말 깊은 감사의 기도를 드렸다.

"하나님, 참 감사합니다. 저는 아무것도 하지 않았는데, 아니 오히려 그의 꿈을 방해만 했는데 주님이 장훈이를 이토록 멋지게 키우셨네요."

다시 뜨거운 감사의 눈물이 두 볼을 타고 흘러내려와 목덜미까지 적셨다.

그때 내 마음을 울리는 주님의 음성이 있었다.

"성애야, 이제는 네가 그동안 짊어지고 왔던 무거운 보호자의 짐을 내려놓아라. 그리고 오늘 네가 편지를 통해 만났던 그들처럼 장훈이의 팬이 되렴."

아! 정말 그랬다.

왜, 나는 그 평범한 진리를 알지 못했을까?

내가 장훈이를 볼 때마다 그렇게 힘들었던 이유가 바로 그것이었다. 장훈이가 이 엄마 때문에 그토록 마음고생을 했던 이유도 바로 그것이었다.

보호자는 보호라는 미명 아래 피보호자를 감독하려 한다.

자신의 지시에 따르도록 강요한다. 우월한 지위에서 피보호자가 항거할 수 없는 절대적 권위를 세우려 한다. 보호자의 책임감은 고스란히 피보호자의 부담으로 남는다. 때로는 마음의 빚과 상처로까지 남는다. 부채감마저 느끼도록 만든다. 그냥 말로만 한다면 서로 사랑하는 자녀와 엄마 사이에서는 도저히 성립될 수 없는 아주 비정상적인 관계가 성립하는 것이다.

물론 엄마는 아이들을 보호해야 할 책임과 의무를 지고 있다. 이것을 결코 부정하는 것이 아니다. 문제는 우리가 자녀의 보호자로만 남는다면 위에서 우려한 것과 같은 함정에 쉽게 빠질 수 있다는 것이다. 내가 그 함정에 빠져 40년 넘는 세월을 허비했기 때문에 이렇게 힘주어 말 할 수 있는 것이다.

파수꾼의 입장에서 자녀를 보자.

우리 자녀들은 늘 지도와 감독이 필요한 미성숙하고 불완전한 존재다. 엄마가 간섭하지 않으면 무엇 하나 제대로 해낼 수 없는 연약한 미성년자다.

하지만 팬의 입장에서 자녀를 보면 상황은 180도 달라진다. 팬에게 스타는 언제나 열광과 환호의 대상이다. 그의 옷 하나, 액세서리 하나, 그의 말 한 마디, 그의 손짓 하나가 모두 관심의 대상이다. 팬들은 스타의 행동을 평가하려 하지 않는다. 또한 그것을 이해하려고 노력하지도 않는다. 그냥 그가 자신이 좋아하는 스타이기 때문에 그가 하는 모든 것을 받아들이고 아낌없이 수용한다. 함께 즐거워한다. 혹여 그가 잘못해 실의에 빠지거나 잘못된 루머에 시달릴 때도 팬들은 그와 함께 아파하며 그를 격려하고 철저하게 옹호한다.

한 마디로 "그가 무작정 좋은 것"이다. 거기에는 이유가 없다. '그냥' 좋은 것이다. 어떤 대가도 바라지 않고 선물을 보낸다. 때로는 답장도 없는 편지를 밤새워 쓴다. 나의 스타가 읽지 않아도 좋다. 그냥 내가 그에게 편지를 쓸 수 있다는 사실만으로도 행복한 것이다.

팬이 스타를 좋아하듯 그냥 내 자녀를 좋아하고 사랑할 수 없을까?
그가 하는 모든 일에 박수를 쳐주며 격려해 줄 수는 없을까?
물론 이것이 현실 속에서는 얼마나 힘든 일인지 너무나 잘 알고 있다.

하지만 매일이 아니어도 좋다. 매번이 아니어도 좋다. 그것이 아주 가끔이어도 좋다. 지금 자녀와의 관계가 너무도 힘들다면, 예전의 장훈이와 나처럼 엄마는 완고한 보호자가 되고 아들은 그 보호가 싫어 밖으로 뛰쳐나가 힘들게 방황하고 있다면 단 한번이어도 좋다.

보호자의 짐을 잠시 내려두고 팬이 되어 내 아이를 바라보라.

그것이 때로는 억지여도 좋다.

나는 정말 그랬다.

억지로라도 좋아하려 애썼다. 칭찬하려고 애썼다. 장훈이의 모든 것을 그냥 무작정 좋아하기로 다짐했다. 그냥 사랑하기로 결심했다.

그런데 참 신기한 변화가 내 안에 일어나기 시작했다.

때로는 장훈이의 그 빨강머리가 정말 예뻐 보였다. 또 어떤 날은 빨강머리보다는 오히려 보라색 머리가 더 어울릴 수도 있겠다는 엉뚱한 생각까지 들었다. 생각이 바뀌자 시선이 바뀌기 시작했다. 그리고 바뀌어진 시선은 나의 표정과 태도까지 변화시켰다. 아들을 보는 내 마음이 행복해지기 시작했다. 아들을 보고 있노라면 마음이 한없이 따뜻하게 녹아들었다. 당연히 아들을 대하는 말과 행동이 부드러워질 수밖에 없었다. 표정과 눈빛이 상냥할 수밖에 없었다.

누군가 "행복해서 웃는 것이 아니라 웃으니까 행복해졌다"라고 말한 것이 기억난다. 행복해서 웃었던, 웃어서 행복해졌던, 그것이 무슨 상관이 있겠는가? 지금 자녀를 보는 마음이 행복하지 않다면 내가 좋아하는 스타를 만난 것처럼 그냥 웃어보자. 내 자녀의 팬이 되었다는 생각으로 굳은 표정이 환해질 때까지, 얼었던 마음이 따뜻하게 녹아내릴 때까지, 말과 행동이 부드러워질 때까지 웃어보자.

팬이 행복해야 스타도 행복해진다. 엄마를 팬으로 둔 아들은 얼마나 행복할까? 얼마나 당당할까? 무슨 일을 하던 매사에 자신감이 넘칠 것이다.

지금 나는 가수 김장훈의 팬이다. 장훈이가 나를 팬으로 인정하던 안하던 아무 상관없다. 그냥 내가 좋아서 그의 팬이 된 것이다. 요즘도 나는 아들이 보고 싶을 때면 그의 홈페이지에 들어가 다른 팬들이 남긴 글들을 읽으며 우리 장훈이를 본다.

그리고 조용히 가수 김장훈을 위해 기도한다.

"주님, 사람들이 인터넷을 통해 장훈이에게 상처가 되는 독한 말을 하지 않도록 도와주세요."

스스로 꿈꾸게 하라

장훈이의 팬이 된 후부터는 아들의 콘서트에 가끔 간다.

김장훈 콘서트는 한마디로 '이색적이다'라는 평가를 받는다. 그도 그럴 것이 장훈이의 콘서트에는 다른 무대에서 볼 수 없는 각종 기계와 기구를 이용한 기기묘묘한 연출이 주를 이루기 때문이다. 더구나 그런 생각이 대부분 장훈이의 머리에서 나오는 것이라고 한다.

"언제부터 장훈이에게 그런 재능이 있었을까?"라고 곰곰이 생각해보았더니 장훈이의 유치원 시절까지 거슬러 올라가게 된다.

그 시절 장훈이에게는 아주 특별한 재능이 있었는데 그것은 다름 아닌 모든 기계를 분해해버리는 능력이었다.

어느 날은 괘종시계를 모두 분해해 버렸다. 그리고 다른 날은 라디오를 모두 분해하는 성과(?)까지 보였다. 말이 좋아 분해이지 거의 부수는 수준이었다. 하지만 나는 장훈이를 나무라지 않았다. 아예 중고 시계와 라디오를 사다 마음껏 분해하고 부수도록 했다.

그런 덕분에 장훈이는 갈수록 기계를 더 좋아하게 되었고 초등학교에 입학할 무렵이 되어서는 분해했던 시계와 라디오를 어느 정도까지 다시 조립하는 모습을 보였다. 그때 나는 대견해 하며 "이 녀석이 크면 공과대학을 보내 교수를 시키면 되겠다"라고 생각한 적이 있을 정도였다.

이런 일도 있었다.

초등학교 4학년 때로 기억된다. 한번은 담임선생님이 학교로 부르시더니 걱정스런 얼굴로 이렇게 말씀하셨다.

"어머니, 장훈이가 집에서는 어떤 아이인가요?"

아마도 장난꾸러기인지, 아니면 조용하고 소심한 아이인지를 물어보는 질문 같았다.

"그런데 선생님 우리 장훈이가 무슨 사고라도 쳤나요?"

왜 학교까지 일부러 오라고 했는지 궁금한 마음에 질문에 대답하는 대신 거꾸로 질문을 던졌다.

"장훈이가 좀 이상한 것 같아서요. 며칠 전에 저에게 오더니 심각한 얼굴로 4차원 세계가 정말 있느냐고 물어보는 것 아니겠어요."

요즘이야 4차원이라는 말이 그냥 흔하게 쓰이는 말이지만 당시에는 그렇게 흔한 말이 아니었기 때문에 선생님이 혹시 우리 장훈이가 4차원 같은 아이가 아닌가 하는 걱정에 나를 부르신 것이었다.

그런데 그 이야기를 듣고 있는 나는 오히려 안심이 되었다. 그때까지만 해도 장훈이는 엄마 말에 자기 의견 한번 내세우지 않는 아주 순종적인 모범생이었기 때문에 자기 생각은 전혀 없는 아이인 줄 알았는데 오히려 자기 생각과 자기 세계가 있다고 하니 퍽 다행스럽게 여겨졌다.

"선생님, 그런 일이라면 걱정 마세요. 우리 장훈이는 상상력과 호기심이 많은 아이입니다."

그날부터 나는 장훈이에게 큰 기대감을 갖게 되었다. 나중에 무언가 큰 일을 할 것 같은 생각이 들었기 때문이다. 물론 나는 그것이 공부로서 성공해 공과대학 교수가 되거나 의사가 되는 거라고 생각했지 유명한 대중가수가 되어 저렇게 멋진 무대를 만들 것이라고는 정말 꿈에도 생각하지 못했지만 말이다.

나는 공연이 다 끝난 콘서트 장에 앉아 가끔 그때 생각을 하곤 한다.

그리고 그래도 참 다행이었다. 내가 장훈이를 마음껏 꿈꾸는 아이로 키우지는 못했지만, 나는 전혀 다른 기대를 하고 있었지만, 그래도 기계를 분해하고 조립하는 일이나 4차원을 그려보는 일은 마음껏 꿈꾸도록 해 주었다고 생각하기 때문이다.

그때 내가 "그걸 왜 부수니?" "네 손에만 가면 남아나는 게 없어!" "쓸데없는 공상할 시간 있으면 책상에 앉아 공부나 해!"라고 소리쳤다면 지금 장훈이의 이색콘서트는 조금 더 재미가 없었을지도 모르겠다고 생각해본다. 그렇다고 장훈이의 콘서트 때마다 흥미진진한 멋진 공연을 볼 수 있는 것이 그때 내가 잘했기 때문이라는 공치사를 하려는 것은 결코 아니다.

나는 꿈의 주체에 대한 이야기를 하고 싶은 것이다.

내 자녀가 품고 있는 그 꿈이 "누구의 꿈이냐?"는 대단히 중요하다. 혹시 엄마의 꿈은 아닌지 엄마 스스로 자문해 보기를 바란다.

아이 스스로 꾸는 꿈은 아주 오랜 세월이 지나서도 장훈이의 경우처럼 자기 생의 일부가 되어 아름답게 빛난다. 하지만 자녀의 꿈을 도려낸 자리에 엄마의 꿈을 강제로 이식한 경우에는 시간이 지날수록 생명력을 잃게 된다. 엄마의 뜻대로 된 경우에 겉보기에는 그 꿈이 이루어졌다고 생각할지도 모르겠지만 내면을 들여다보면 그 실상은 결코 그렇지 않다. 아이는 성인이 되어서도 끊임없이 강제로 잘려나간 자신의 꿈에 집착하게 되고 평생을 불행하게 살게 되는 것이다.

꿈에는 생명이 있다.

그것은 아이 스스로 뿌린 씨앗으로 발아된다. 그리고 자신의 능력과 의지, 기쁨과 희망, 좌절과 눈물을 먹고 마시며 자라난다. 시간이 되면 그 꿈은 빨강 꽃으로 피어나기도 하고 노랑꽃으로 피어나기도 한다. 때로는 수십 수백 가지의 색으로 피어나기도 한다. 열매 또한 다양하다. 동그란 것도 있고 네모난 것도 있다. 말랑말랑한 것도 있고 딱딱한 것도 있다. 다른 사람들은 그 열매의 가격이나 크기로 평가하지만 아이는 그 열매에 우열을 두지 않는다. 스스로 꿈꾸어왔던 것을 열매 맺었기 때문이다. 자신의 꿈을 이룬 사람이 아주 작은 것에도 만족하며 행복해할 수 있는 이유가 여기에 있다.

장훈이가 엄마의 꿈을 이뤄 음악을 포기하고 대학교수가 되었다면 행복했을까?

최근에 있었던 일이다.

장훈이의 사회적 공헌도가 높아지자 모 대학에서 아는 목사님을 통해 장훈이를 교수로 초빙하고 싶다는 제의를 해왔다. 나는 장훈이가 고등학교를 검정고시로 졸업하고 대학에 진학했을 때도 졸업 가까이에 담당교수님이 나에게 직접 전화를 걸어 장훈이를 조교로 데리고 있고 싶다는 뜻을 전달한 적도 있어 어쩌면 장훈이에게 교수로서의 재능이 있을 수도 있다는 생각을 하기도 했었다.

나는 너무나 기뻐 떨리는 목소리로 장훈이에게 전화를 걸었다.

"훈아, 어느 대학에서 너를 교수로 초빙하겠다고 하네. 이 엄마는 너무 기쁘단다. 한번 생각해 볼 수 없겠니?"

장훈이는 고민할 시간을 달라고도 하지 않았다.

"죄송해요 엄마. 저는 아직 이 심장 뛰는 음악의 현장을 떠나고 싶지 않아요. 필드에서 더 뛰고 싶어요. 제겐 아직도 할 일이 너무나 많아요."

순간 내 좁은 생각에 또한번 부끄러워졌다.

나도 알고 있었다. 콘서트 장에서 장훈이를 보아왔기 때문에 너무나 잘 알고 있었다. 그를 좁은 강의실에만 가두어 두기에는 그의 피가 너무나 뜨겁다는 것을 …

스스로 꿈꾸는 아이는 뚜렷한 자기 확신이 있다.

그것이 비록 엄마라고 할지라도 전혀 흔들리지 않는다. 어려움과 시련 따위도 문제되지 않는다. 아프면 울고 고통스러우면 두 주먹을 불끈 쥐며 다시 각오를 다진다. 철저한 외로움과 고독도 견디어낸다. 그리고 아무리 힘들고 어려워도 자신이 결코 불행한 사람이라고 생각하지 않는다. 모든 일은 꿈을 이루기 위한 과정에 불과한 것이라고 받아들이기 때문이다. 나는 아주 가까이에서 장훈이를 지켜보며 이런 사실을 생생하게 경험해 왔다.

인류역사를 주의 깊게 살펴 보라.

그 거대한 수레바퀴는 스스로 꿈꾸는 자들에 의해 소리없이 움직여 왔다. 우리가 알고 있는 수많은 위인들이 모두 그렇다. 그들은 모두 스스로 꿈꾸는 자들이었다. 아니 위대한 인물이 아니어도 좋다. 우리 주변을 살펴보아도 그렇다. 스스로 꿈꾸는 아이들은 어디가 달라도 다르다. 자신의 꿈을 향해 한발 한발 나아가는 아이들은 얼굴 표정과 눈빛부터 다르다. 생동감이 넘친다.

엄마의 꿈에 따라 이리 휘청, 저리 휘청 하는 아이로 키우지 말라고 당부하고 싶다. 지금 당장은 보잘 것 없어 보이는 것이라도 스스로 꿈꾸는 것이라면 마음껏 꿈꾸게 해 주었으면 좋겠다.

나의 경험을 돌이켜볼 때 그 작은 꿈들은 보석을 품고 있는 원석일 수도 있기 때문이다. 아주 나중에 그 보잘 것 없는 꿈을 통해 내 아이가 보석처럼 빛날 때 그 엄마 또한 나처럼 "그래도 참 다행이야. 그때 그 일은 참 잘 한 것 같아"라고 말할 수 있을 것이다.

소명은 부르심이다

　　　　　　신앙생활을 시작한지 2년이 조금 지난 어느 주일, 예배를 마치고 집으로 가려는데 담임목사님께서 나를 따로 부르셨다. 교회에 처음 나왔을 때부터 찬송을 불러도 성가대 찬양을 들어도 성경을 봉독해도 설교 말씀을 들어도 심지어 축도시간까지 울기만 하는 내가 너무 불쌍하게 보여서 무슨 위로의 이야기라도 하시려나보다 했다.

"중고등부 교사를 맡아주셨으면 좋겠습니다."

"네?"

하마터면 나는 비명을 지를 뻔 했다.

한 때는 독실한 불교신자였고 교회에 와서는 2년 내내 운 일 밖에 없는 내게 중고등부 교사라니 정말 가당치 않았다. 더구나 가출한 아들을 둔 엄마가 어떻게 남의 자식들을 가르칠 수 있겠는가? 그것도 제대로 한 번 배운 적도 없는 성경을 말이다. 그리고 이미 오십을 넘긴 나이에 십대 청소년들과 어울릴 수 있을까라는 생각까지 해보니 앞이 캄캄했다. 정말 할 수 없겠다는 생각이 들어 극구 사양했다.

하지만 담임목사님의 결단도 나의 거절만큼이나 확고하셨다. 목사님은 단호한 어조로 몇 번씩이나 반복해 꼭 맡아달라고 말씀하셨다. 그것은 부탁이 아니라 순종을 요구하는 명령에 가까웠다.

강권하시는 목사님의 말씀을 그냥 뿌리칠 수 없었다.

어느 날 설교를 통해 들었던 "순종이 제사보다 낫다"는 말씀이 떠올랐다.

"알겠습니다."

이렇게 담임목사님의 강권에 밀려 억지로 순종하게 된 것이 나의 신앙생활에서 첫 사명이 되었다. 하기야 그때는 사명이라는 단어가 어떤 의미인지 조차도 몰랐던 햇병아리 교사시절이었다.

그런데 중고등부 교사를 맡은 지 얼마 지나지 않아 내 삶에 놀라운 변화가 생기기 시작했다. 우선 2년 내내 주체할 수 없이 흘렀던 눈물이 거짓말처럼 뚝 멈추었다. 그것뿐만이 아니었다. 청소년들이 다시 내 눈에 아름다운 모습으로 보이기 시작했다. 사실 그동안은 고등학교를 자퇴한 채 가출한 장훈이 생각 때문에 그 또래 청소년들이 가방을 메고 학교에 가는 모습을 보면 일부러 외면하곤 했었다. 나도 모르게 청소년 기피증이 생겼던 것이다.

하지만 교사의 사명을 감당하겠노라고 결심한 그날 이후부터는 기피증은커녕 교회에 가도 거리를 걸어도 눈에 보이는 것은 오로지 청소년뿐이었다. 귀에 들리는 것도 그들의 즐거운 재잘거림뿐이었다.

심지어 나중에는 청소년의 '청' 자만 듣거나 보아도 심장박동이 빨라질 정도였다. 마치 누군가가 내 심장 속에 청소년이라는 뜨거운 불씨 하나를 불쑥 넣어둔 것 같았다. 그때부터 나는 청소년들을 가슴에 품은 채 지독한 열병을 앓았다. 그 열병을 치료하는 방법은 오직 하나, 그들을 위해 끊임없이 무엇인가를 하는 것이었다. 그리고 그들과 함께 말하고 그들과 함께 웃고 그들과 함께 아파하는 것이었다.

우선 신앙 안에 서 있는 청소년들을 알고 싶었다.

그들이 좋아하는 찬양도 배워야 했고 그들이 좋아하는 스타일의 성경공부도 배우고 연구해야 했다. 그들의 고민도 알아야 했고 그들의 꿈과 소망도 들어야 했다.

나는 청소년들이 모여 있는 곳이라면 어디든 달려갔다. 부산도 좋고 광주라도 좋았다. 차량으로 오고가는 시간이 10시간이 넘어도 아무 상관 없었다. 각종 청소년 훈련단체를 찾아다니며 부지런히 배웠다. 젊은 참석자들이 나이 많은 아주머니 교사라고 따가운 눈총을 주어도 상관없었다.

내친김에 부족한 성경지식을 쌓기 위해 신학대학까지 다녔다.

졸업 후에는 신학대학원까지 마쳤다. 신학대학원을 마친 후에는 5년 동안 중국을 오가며 현지 청소년들을 가르치고 양육하는 전문사역자로 선교사역을 펼치기도 했다.

중고등부 교사라는 사명 하나를 감당하기 위해 나는 정말 나의 모든 생활을 바치다시피 했다. 아니 그 시절에는 그렇게 하지 않으면 심장이 금방이라도 터져 죽을 것만 같았다. 주님이 넣어준 작은 불씨는 점점 더 거대한 불길로 번져갔다.

중고등부 교사로 일하는 동안 정말 많은 일들이 있었다.

가출한 녀석들을 찾아 밤새도록 온 동네와 산을 헤매 겨우 찾아낸 적도 몇 번 있었다. 말썽꾸러기 아이들이 신앙 안에서 변화되는 코끝 찡한 일들도 적지 않았다. 내 생일까지 기억해주는 아이들과 함께 즐거운 시간들을 보낸 적도 있었다. 권위적인 아버지와 어머니 밑에서 어찌할 줄 몰라 방황하는 아이들과 함께 '꺽꺽' 거리며 운 적도 많았다.

그래도 티격태격하며 엄마와 아빠의 보호 아래에서 살아가는 아이들은 돌아갈 집이라도 있어 다행이었다. 술주정뱅이 아버지와 난폭한 어머니에게 쫓겨난 아이들은 갈 곳조차 없었다. 그런 아이들을 볼 때마다 가슴 한 구석이 저려왔다.

나 또한 단칸방에 사는 가난한 형편이었지만 그들을 어떻게라도 돕고 싶었다. 그래서 길을 걷다가 버스를 타고 가다가 어느 건물에 '임대'라고 적힌 빈 점포들을 볼 때면 마음이 설레었다.

'주님, 저곳을 빌릴 수 있다면 갈 곳 없는 아이들 몇 명과 함께 마음껏 뒹굴며 국수라도 삶아 먹으면서 평생을 살겠습니다.'

나는 임대 건물을 지날 때마다 목이 돌아가도록 그곳을 뚫어져라 쳐다보면서 간절한 기도를 드리곤 했다.

그런데 하나님의 일은 내가 한 번도 생각하지 않았던 전혀 다른 방향에서 시작되었다. 그날은 나와 같이 평신도로 신앙생활을 하다가 뒤늦게 신학을 시작한 신학교 동문 목사님이 입당예배를 드리는 날이었다. 예전에도 신학교 동문들의 입당예배에는 가끔 참석했었기에 그날도 일상적인 마음으로 예배에 참석했다.

사건은 특송 시간에 벌어졌다. 입당예배를 드리는 목사님의 아들과 그 친구들이 찬양을 하는 데 갑자기 내 심장이 쿵쾅 거리기 시작했다. 사실 사건이라고는 하지만 나 혼자만 아는 일이었다. 아무도 눈치채지 못한 주님과 나만 아는 일이었다.

나는 신학대학원을 졸업한 그때까지도 절대로 목회는 하지 않겠다고 다짐한 사람이었다. 동료와 후배 목사들이 목회의 현장으로 달려가는 모습을 보아도 나와는 전혀 상관없는 딴 세상 사람들의 이야기일 뿐이었다. 그도 그럴 것이 내가 신학을 한 이유는 단지 좀더 나은 중고등부 교사가 되는 것이었고, 그때 이미 내 나이가 환갑을 넘기고 있었기 때문이다. 목회의 '목' 자도 상상하기 어려운 상황이었다.

그러나 그날은 전혀 느낌이 달랐다. 성령께서 아주 강하게 내 심령을 터치하고 계셨다. 주님께서 나를 목자로 부르시고 있다는 강한 이

끌림을 받았다. 하지만 나는 완강히 거부했다. "절대 목사 안수는 받지 않겠습니다."

주님은 그날부터 기도할 때마다 지속적으로 목회를 시작하라는 큰 감동을 주셨다. 하지만 나는 거부하고 또 거부했다. 정말 두렵고 떨리는 일이었다. 도대체 어떤 목회를 하라는 것인지 도무지 감이 잡히지 않았다.

그렇게 주님의 부르심에 얼마를 버텼을까?

어느 날 기도 중에 주님이 직접 찾아오셨다.

"성애야, 암탉이 병아리를 품 듯 엄마의 마음으로 내 양들을 품어줄 수 있겠니?"

"주님 제 나이가 몇인지 아시잖아요? 저는 할 수 없습니다."

나는 환갑이라는 나이로 밀고 나갔다.

"그렇다면 딱 1년만 나를 위해 일해 줄 수 있겠니? 나는 엄마의 마음으로 내 어린 양들을 품어 줄 수 있는 목자가 꼭 필요하구나."

딱 1년이라는 말에 나는 마음을 돌이켰다.

60년이라는 긴 세월을 한결같은 마음으로 나 같은 고집쟁이를 기다려주신 그 주님을 위해 1년 정도의 시간을 드린다는 것은 그리 어렵지 않은 일로 여겨졌다.

"주님, 딱 1년이라면 한 번 해볼게요."

이렇게 그날 나는 주님으로부터 '어머니의 마음으로 목회를 하라'는 소명을 받았다.

분명한 주님의 부르심이었다.

엄마의 따뜻한 가슴으로 당신의 양들을 품고 지키라는 그 분의 준엄한 명령이었다.

경쟁의 수레바퀴 밑으로 던져져 피투성이가 된 이 시대 이 땅의 청소년들을 맡아 달라는 주님의 부탁이었다. 더 이상 거절할 수가 없었다.

주님을 처음 만났을 때 흘렸던 그 눈물이 다시 쏟아졌다.

하지만 그때 흘린 눈물은 회개의 눈물만은 아니었다.

감격의 눈물이었다.

기쁨의 눈물이었다.

감사의 눈물이었다.

자신의 소명을 깨달은 자가 흘리는 행복의 눈물이었다.

그때를 기억하며 나는 아이들에게 이렇게 말한다.

"소명을 깨달은 사람에게는 자신의 사명을 감당하는 일에 어떠한 것도 문제가 되지 않는단다. 공부를 못해도 상관없다. 가난해도, 건강하지 못해도 괜찮다. 주님께 받은 소명을 감당하는 일은 그 무엇에도 방해를 받지 않기 때문이다.

나를 보렴. 소명을 감당하는 것에는 환갑을 넘은 나이조차도 상관없지 않니? 또한 소명을 이루는 것은 너무나도 쉽단다. 소명은 부르심이다. 따라서 주님의 부르심에 주저하지 말고 응답하기만 하면 되는 것이란다."

나는 이 땅의 모든 청소년들이 자신의 소명을 발견하고 그 소명 안에서 큰 꿈을 꾸기를 간절히 바란다. 소명은 각자에게 주어진 재능의 실현이다. 길가에 자란 들풀도 꽃을 피운다. 그 들풀의 소명이 꽃을 피우는 일이기 때문이다. 아무도 보아주지 않는 메마른 사막의 저 이름 없는 들풀이 온 힘을 다해 작고 초라한 꽃 한 송이를 피우는 이유를 알았으면 좋겠다.

하나님은 인류 전체를 한꺼번에 만나는 것이 아니라 한 사람 한 사람을 1:1로 만나주신다. 신학자들은 이것을 두고 기독교의 신비라고 말한다.

나 또한 그렇게 생각한다.

이 온 우주만물의 창조자가 피조물 한 개체에 무한한 관심을 갖고 있을 뿐 아니라 그를 향한 꿈과 계획을 갖고 있다는 사실은 황홀하면서도 놀라운 일이기 때문이다.

그런데 우리 엄마들은 가끔, 내 아이가 얼마나 소중한 존재인지 잊어버릴 때가 있는 것 같다. 그래서 종종 자녀들을 극도로 폄하하는 말들을 하기도 한다.

"네가 하는 일이 다 그렇지 뭐. 이번에도 그럴 줄 알았어."

"네 머리 안에는 도대체 뭐가 들었니? 생각 좀 하고 살아라."

때때로 내 아들과 딸이 꿈과 계획도 없이 무가치하게 살아가는 것처럼 보일 때 이 사실을 기억하자. 온 우주를 창조한 그 하나님께서 내 아이를 향한 무한한 꿈과 계획을 갖고 계신다. 우리 엄마들이 내 자녀를 향한 꿈을 갖기도 전에, 그보다 아주 더 오래 전에 주님은 이미 나의 자녀를 향해 꿈꾸고 계셨다. 엄마가 생각하는 것보다 더 위대하고 찬란한 꿈과 계획을 갖고 계셨다.

"우리 아이는 보통 아이가 아니야!"

엄마는 이 사실을 믿기만 하면 된다.

'어떻게 해야 하나?' 보다는 하나님 앞에 머물기를 소원하라

　　　　　이 땅의 모든 청소년들을 어머니의 따뜻한 가슴으로 품으라는 주님의 부르심에 순종하기는 했지만 구체적으로 어떻게 목회를 시작해야 할지는 어떤 것도 결정된 것이 없었다. 하기야 사역지조차 정하지 못했으니 단 한 발자국도 앞으로 나아갈 수 없었다.

　내가 할 수 있는 유일한 일은 매일 뜨거운 가슴만 부여잡고 주님의 십자가 앞으로 나가 엎드리는 것이었다.

　환갑이 넘은 나이에 교회를 개척한다는 것이 가능한 일일까?

　십대 청소년들이 할머니 목사를 좋아할까?

　교회를 세우는 재정은 어떻게 충당할 수 있을까?

　청소년들의 헌금만으로 교회가 운영될 수 있을까?

나는 어리석게도 주님의 십자가 아래서 내가 무엇을 할 수 있을까를 고민하고 있었다. 나의 마음은 오로지 "내 능력으로 무엇을 할 수 있을까"에만 모아졌다.

하지만 주님은 성경을 통해 내가 당신 곁에 머물러 있기를 원한다고 말씀하셨다.

그후 나는 크게 깨달았다. 그리고 주님께 회개의 기도를 드렸다.

"주님, 나는 내가 주님을 위해 무엇을 할 수 있다고 생각했습니다. 나는 내 힘으로 하려고 했습니다. 보잘 것 없는 내 지식과 재능, 내 재물로 무엇을 끊임없이 하려고 했습니다. 이제 할 수 있다고 생각하는 것은 모두 내려놓겠습니다. 그냥 주님의 그 넓은 은혜의 바다 위에 잠잠히 떠 있겠습니다. 주님께서 동행하시겠다고 하는 그곳으로, 가라고 명령하신 그곳으로 가겠습니다."

내가 끊임없이 무엇인가를 하려고 했을 때 느꼈던 초조와 불안이 말끔히 사라졌다. 그동안 한 번도 경험하지 못했던 주님의 놀라운 평안이 찾아들었다.

나는 주님께 붙어 있기만 하면 되는 것이었다. 참 포도나무 되신 그분께 붙어 있기만 하면 열매 맺는 것이었다. 이 진리는 너무나 쉬워 나도 처음에는 고개를 갸우뚱 했다. 내가 무엇인가 땀 흘려 일했을 때만이 작은 것이라도 얻을 수 있는 세상의 원리에만 익숙했던 나에게 귀하고 값비싼 열매를 아무런 댓가 없이 얻는다는 은혜의 원리는 오히려 불편하고 낯설었던 것이다.

하지만 주님은 십대교회를 세워가는 내내 그 은혜의 원리를 깨닫게 하셨고 너무나 생생하게 직접 경험하도록 하셨다.

어느 늦은 밤, 전화벨이 울렸다.

장훈이의 전화였다.

"엄마, 얼마면 교회를 세울 수 있어?"

자신의 소소한 일상을 털어놓기 위해 한 평소의 전화가 아니었다. 장훈이의 목소리에는 무슨 큰 결심이라도 담겨 있는 듯 했다.

"글쎄?"

장훈이의 질문이 너무나 뜻밖이기도 했지만 미리 알았다고 하더라도 대답할 수 없었을 것이다. 나는 단 한 번도 교회를 직접 건축한다는 생각은 하지 못했기 때문이다. 아니 할 수도 없었다. 그동안 줄곧 허름한 건물 단 몇 평이라도 임대할 수만 있으면 더 바랄 것이 없다고 소망하며 지내왔기 때문이다. 그러니 당연히 교회를 짓는데 얼마 정도의 돈이 들어가는지는 생각조차 하지 않았던 일이었다.

교회 건축이라니?

정말 상상할 수 없는 일이었다. 내 형편을 생각하면 한마디로 가당치도 않은 일이었다.

하지만 내가 한 번도 생각하지 않았던, 아니 상상할 수도 없었던 그 엄청난 일을 주님은 장훈이를 통해 아주 빠르게 진행하고 계셨던 것이다.

3장 아이가 마음껏 꿈꾸게 하라

"내일 엄마 통장 한 번 확인해 보세요."

장훈이가 전화를 끊었다.

나도 수화기를 내려 놓고 멍하니 허공을 응시하다 내 볼을 세게 꼬집어 보았다. 볼이 얼얼한 것을 보니 분명 꿈은 아니었다.

그날 밤 도저히 잠을 이룰 수 없었다. 행복한 공상을 하며 수없이 많은 모양의 예배당을 그렸다 지웠다 했다.

그날따라 밤은 왜 그렇게 긴지? 새벽은 왜 그렇게 더디 오는지?

다음날 아침. 개점 시간에 맞춰 은행으로 달려갔다.

"1,200,000,000"

나는 통장에 찍힌 동그라미 숫자를 손가락으로 하나하나 짚어가며 꼼꼼히 세었다. 하지만 세고 또 세어도 믿을 수가 없어 눈을 몇 번이나 다시 비벼야 했다.

"12억!"

예전에 사업을 크게 했었던 나였지만, 지금 형편의 나에게는 기절할 만큼의 어마어마하게 큰 액수였다. 나중에 안 사실이지만 장훈이가 자신의 음반 제작사에서 받은 계약금 전부에다가 은행대출까지 받아 만든 돈이었다.

엄마로부터 교회 건축에 대해 단 한 번도 들은 바가 없었던 장훈이가 어떻게 갑자기 그런 엄청난 결심을 할 수 있었을까?

순간, 나는 수 년 전에 있었던 일을 기억하며 주님의 치밀한 계획과 인도하심에 '짜르르' 소름이 돋았다.

당시 내가 다녔던 교회에서는 새로운 성전 건축을 위한 부흥회가 열렸다.

부흥회 마지막 날로 기억된다. 그날도 나는 쥐구멍이라도 들어가고 싶은 심정으로 건축헌금의 중요성에 대해 말씀하시는 부흥강사 목사님의 설교를 듣고 있었다. 그 목사님의 말씀이 아니어도 나 또한 진심으로 많은 건축헌금을 드리고 싶었다. 하지만 정말 드릴 돈이 없었다. 양 주머니를 모두 털어봐야 동전 몇 푼밖에 나오지 않는 절대빈곤의 궁박한 시절이었다.

설교시간 내내 죄인된 마음으로 고개를 숙인 채 설교를 듣고 있는데 귀가 번쩍 열리는 말씀이 불꽃처럼 가슴에 뜨겁게 떨어졌다.

"내가 지금 건축헌금을 작정하고 내 생애동안 못 드리면 다음 세대로 넘기십시오."

나는 성령의 감동을 이기지 못하고 손을 번쩍 들어 3억을 작정했다. 3만원도 없는 내가 3억을 작정한 것이다. 물론 지금 생각해보면 당시 부흥강사 목사님의 건축헌금 작정 방식에는 문제가 있었다고 여겨진다. 하지만 그래도 그때 당시에는 내게 큰 도전을 주는 말씀이었다.

내가 손을 번쩍 든 이유는 바로 이런 것이었다.

'주님의 성전을 건축하는 데 평생 3억도 드리지 못할 정도의 자식들이라면 그 인생 또한 너무 보잘 것 없지 않겠는가? 내가 작정해 놓으면 주님께서 그 정도를 드릴 수 있는 수준의 자식들로 키워주실 것이다' 라는 확신이 들었기 때문이었다.

그런데 주님은 수년이 지난 그날, 나 스스로도 그렇게 작정했었던 사실조차 까맣게 잊고 있었던 그 시간, 그 당시 내가 가졌던 그 막연한 믿음을 실제 현실에 나타나는 일로 확인시켜주신 것이었다. 그것도 4배씩이나 크게 말이다.

그렇다고 해서 내가 이 글을 읽는 독자들에게 나처럼 다소 무모해 보이는 헌금 작정을 통해 주님의 축복을 경험해보라고 권하는 것은 절대 아니다. 우리 모두가 엘리야처럼 불 병거를 타고 하늘로 올라가는 것도, 모세처럼 지팡이 하나로 바다를 가르는 것도, 바울처럼 주님을 경험하는 것도 아님은 자명한 사실이다. 주님은 그 시대와 상황, 그리고 그 사람에게 아주 잘 어울리는 방법으로 역사하시고 일하시는 스마트한 분이기 때문이다.

하지만 적어도 나는 내 삶에서 직접 일어난 그 일련의 사건들을 통해 주님의 신실하심을 경험했다. 내가 주님을 위해 무엇을 하려고 애쓸 때보다 주님의 그 자비하심을 믿고 잠잠히 그 분만 바라며 그 분과 함께 있을 때에 기적적인 사건들을 체험할 수 있었다. 나의 이성으로는 이해되지 않고 나의 능력으로는 도저히 해 낼 수 없다고 믿었던 일들이 주님 안에서는 마치 봄바람에 꽃잎이 흔들리 듯 어떤 소란도 없이 자연스럽게 일어나는 것을 경험할 수 있었다.

분명한 것은 내가 "Doing" 할 때보다 "Being" 할 때 더 크고 놀라운 주님의 기적을 체험할 수 있었다는 사실이다.

그런 까닭에 나는 이 땅의 모든 엄마들에게 "주를 위해 무엇을 하려는 아이보다는 주님과 늘 동행하는 아이로 키우라"고 말하고 싶다.

주님과 동행하는 삶은 노아의 방주가 바다 위를 떠 다녔듯이 하나님의 넓은 은혜의 바다 위에 돛대를 높이 올리고 마음껏 꿈꾸며 동서남북 어느 쪽으로든 힘껏 나아갈 수 있는 자유의 삶이기 때문이다. "내게 능력 주시는 자 안에서 내가 무엇이든 할 수 있는" 능력의 삶이기 때문이다.

우리는 나 자신이 주님의 은혜의 바다 위에 떠 있다는 사실만 깨달으면 된다. 그 분과 항상 함께 있다는 그 사실을 인지하는 것만으로 충분하다. 그 분의 은혜의 바다 위에서는 내가 무엇을 하려고 애쓰지 않아도 된다. 내 삶의 방향타조차도 주님께 전적으로 맡기기만 하면 된다. 그 때에야 비로소 주님은 당신의 입을 통해 직접 불어내시는 순풍으로 우리를 평안과 행복의 포구로 인도하실 것이다.

제4장

아이가 주인공 되게 하라

우리 청소년들은 미래의 주인공이 아니다.
현재의 주인공이다.
더 이상 우리 자녀들을
미래의 주인공이라는 신기루 속으로 밀어 넣는
우를 범하지 말아야 한다.
불확실한 미래를 담보로 확실한 현재를
완전히 포기하라고 강요하여서는 안 된다.
여기 십대교회는 아이들을 현재의 주인공으로 대접하고 있다.
이러한 바람이 비록 지금은
작은 씨에 불과하다 할지라도
이 땅의 모든 엄마들이 나의 바람에 뜻을 같이 해준다면
우리 청소년들은 더이상 미래의 주인공이 아니라
현재의 주인공이 될 것이다.
그래서 나는 오늘도 꿈을 꾼다.
환상을 본다.
아이들이 주인공인 십대교회가 이 땅 곳곳마다 세워지는 꿈을…

이 시대를 향한 하나님의 샤우팅!

나의 첫 목회 장소는 경기도 고양시 일산서구 대화동 2032번지로 정했다. 산뜻한 동네 분위기와 밝고 경쾌한 거리가 마음에 들었다. 서울도 가까워 사역이 넓어지면 수도권에 있는 많은 청소년들까지 만날 수 있을 것 같아 좋았다.

절대 목회를 하지 않겠다고 단언해왔던 내가 목회를 시작한다고 하니 그동안 나에게 목회를 권고해왔던 주변의 많은 분들이 교회개척과 운영에 대한 다양한 조언을 들려주셨다. 나 또한 일반 여성 목회자라면 통과의례처럼 거쳤을 심방전도사 한 번 해보지 못한 그야말로 정말 '햇병아리 목사'였기 때문에 귀를 쫑긋 세우고 경험이 풍부한 분들의 이야기를 귀담아 들으려고 애썼다.

그런데 교회이름을 짓는 것에서부터 주변 분들과 의견이 엇갈리기 시작했다.

나는 목회 대상이 청소년으로 분명하게 정해져 있었고 그것이 주님의 명령임을 확신하고 있었기에 교회이름을 '십대교회'로 짓고 싶었다. 하지만 주변에서는 "십대교회라고 이름을 지으면 그야말로 십대들만 올 것 아니냐?" "어른들이 없는 교회가 어떻게 운영될 수 있겠는가?" "목회는 꿈과 비전도 필요하지만 현실적으로는 그것을 위한 돈도 필요하다는 것을 반드시 알아야 한다." "십대들만 모이는 교회를 본 적이 있느냐?" 기타 등등 목회 초년생인 나를 걱정해주는 많은 조언들이 쏟아졌다.

머리가 혼란스러웠다.

조용히 주님 앞에 나아가 무릎을 꿇었다.

얼마 지나지 않아 성령의 감동이 밀려왔다.

"성애야, 나의 어린 양들을 어머니의 가슴으로 따뜻하게 품어주는 목회를 하렴."

주님의 명령은 한결 같았다.

그리고 기도 중에 이런 생각이 들었다.

'모두가 하는 똑같은 목회라면 나 같은 늙은이까지 나설 필요가 있을까?'

십대들만 모이는 교회를 그려 보았다.

'아, 주님이 나를 부르셨구나!'

나는 십대 자녀로 인해 찢겨진 마음이 있었다. 그래서 청소년을 둔 부모의 마음을 조금은 느낄 수 있었다. 마음 깊은데서 우러 나오는 소리가 있었다.

'이것이 하나님의 마음이구나.'

그랬다. 내가 아주 유능하고 젊은 목사였다면 십대들을 품으라는 주님의 부르심에 응답하지 않았을지도 모르겠다. 나 또한 많은 성도들을 모아 주님의 위대한 사역을 이루고자 하는 큰 목회를 꿈꾸었을 것이다. 주님은 나의 그런 연약한 마음을 미리 아셨던 것이다. 주님의 계획과 인도하심은 한 치의 오차도 없었다.

나는 눈을 번쩍 떴다.

주님은 나를 향해 한국 땅 곳곳에 청소년들이 교회의 중심에 서는 십대교회를 세우라고 외치셨던 것이다. 또한 나에게만 아니라 이 땅의 온 교회들을 향해 그렇게 외치셨던 것이다. 특히 청소년들이 교회를 떠나고 있는 이 시대를 향해 큰 소리로 외치셨던 것이다. 십대교회는 이 땅의 한국교회를 향한 주님의 준엄한 외침이요 명령이 분명했다.

나는 더 이상 주저하지 않았다. 그리고 교회 이름을 당당하게 '십대교회'라고 확정했다. 교회 전화번호 끝자리도 13세부터 18세까지의 십대들을 상징하는 '1318'로 정했다.

교회 이름을 십대교회로 짓고 나자 목회 슬로건도 저절로 나왔다. 바로 "십대들이 주인공으로 대접받는 교회를 만들자!"는 것이다.

이 슬로건을 무슨 수험생의 책상 앞에 붙여진 표어처럼 마음에 새기고 나니 주님이 이 시대에 꼭 필요한 교회로 세워주실 것이라는 믿음이 생겨났다. 어떠한 어려움이 닥쳐오더라도 결코 타협하지 않고 십대들을 교회의 주인공으로 세우는 교회로 이끌어 나갈 것이라는 배짱도 생겼다. 혹여 나중에 재정적으로 어려워 십대들을 은근슬쩍 뒤로 미루고 싶은 유혹에도 결코 넘어가지 않을 것이라는 생각도 가질 수 있었다. 모세가 호렙산에서 보았던 떨기나무의 불꽃처럼 내 안에 불타오르는 청소년을 향한 사랑과 선교의 불꽃이 쉽게 스러지지 않을 것이라는 확신도 가질 수 있었다.

십대교회는 이렇게 "십대들을 교회의 중심에 세우라!"는 하나님의 'Shouting!'으로 세워졌다.

청소년들이 교회에서 멀어지고 있다

　십대들이 교회를 떠나고 있다. 통상적으로 "요즘 아이들은 공부 때문에 교회에 나갈 시간이 없다"라고 쉽게 치부한다. 하지만 이것은 진짜 이유가 아니다.

　십대들이 교회를 떠나는 진짜 이유는 교회가 청소년들로부터 점차 외면당하고 있기 때문이라고 생각한다.

　교회를 다닌 경험이 있는 많은 청소년들이 자신들을 온전히 이해하려 하기보다는 '십대들을 아는 척하는 청소년 프로그램'을 통해 선도의 대상으로만 삼으려고 하는 교회의 틀에 박힌 모습에 마음을 닫고 있다. 사회에서 자신들을 바라보는 시각과 교회에서 자신들을 바라보는 시각이 전혀 다르지 않다는 것에 놀라며 얼른 눈길을 돌리고 있다.

때로는 사회보다 더 완고하고 보수적인 교회의 모습에 완전히 발길을 돌리고 있다.

자유분방한 아이들을 종교적인 틀에 묶어두고 있는 것이 한가지 원인이 될 수 있다. 더 큰 문제는 이렇게 교회를 이탈한 아이들이 자신들을 진심으로 이해하고 받아들이는 것 같은 세상 문화에 깊이 마음을 빼앗기고 있다는 사실이다. 교회는 지금 세상 문화와 전쟁 중이다. 세상에 빼앗긴 자녀들을 찾아 오기 위해서…

나는 그동안 중고등부 교사로 섬기면서 청소년 사역의 이 같은 일들을 생생하게 보고 듣고 느끼고 있었다.

그래서 나는 또 주님 발 앞에 엎드렸다. 그리고 우리 십대들을 그 누구보다 더 잘 이해하고 사랑하는 주님께 지혜를 구했다.

깊은 묵상 중에 주님이 내게 깨닫게 해주신 것은 "입으로 가르치지 말라!"는 것이었다. 가만히 생각해보니 그것이 예수님의 탁월한 교수법이었다.

주님은 병든 자와 눈먼 자를 고치심으로 제자들에게 긍휼과 사랑을 가르치셨다. 한 소년이 가져온 보리떡 다섯 개와 물고기 두 마리로 오천 명을 먹이심으로 나눔의 기적을 가르치셨다. 허리에 수건을 두르시고 제자들 앞에 무릎을 꿇어 발을 씻겨 주심으로 겸손과 섬김을 가르치셨다.

예수님의 제자 양육은 결코 성경적인 지식을 가르치는 것에만 있지 않았다. 자신의 삶을 따르도록 하는 것에 있었다. 작은 예수로 만드는 것에 있었다.

그로부터 그들을 예수 그리스도의 삶을 따라가는 작은 예수들로 대접하기로 했다.

그래서 우선, 주일 예배 뿐 아니라 모든 예배의 중심에 청소년들을 세우기로 했다. 나는 설교만 담당하고 그 외의 모든 순서는 청소년들이 정하도록 했다. 물론 예배순서를 맡아 담당하는 사람도 모두 청소년들이 주축이 되도록 했다.

주보도 자신들이 원하는 모양으로 디자인하고 그 내용도 채우도록 했다. 찬양 또한 자신들의 리듬과 비트에 맞는 곡들을 선곡하도록 했다. 기존 교회의 예배순서 중에서 자신들에게 맞지 않다고 생각하는 부분이 있다면 과감히 빼도록 했다. 깨뜨리고 싶은 형식이 있다면 깨뜨리도록 했다. 개혁하고 싶은 것은 주저하지 말고 새로운 것으로 바꾸도록 했다. 하지만 예배의 모든 형식이 바뀌어진다 하더라도 진리만은 절대 변하지 않는다는 것을 가르친다.

이러한 파격적인 결정은 담임목사 한 사람의 생각만으로 되는 것은 아니었다. 십대교회에 나오는 어른 교인들의 이해와 동의가 필요했다.

지금까지도 너무나 감사한 것은 우리 교회에 출석하는 모든 어른들이 나의 이 같은 목회 방향에 기꺼이 동의해주었다는 사실이다.

"아이들을 교회의 중심에 세우고 어른들은 그 울타리가 되자!"는 나의 제안에 흔쾌히 동참해주었다는 것이다. 어른 성도들은 나의 신실한 동역자요 우리 아이들의 든든한 울타리다.

나는 교회에서 뿐 아니라 집 안에서도 청소년들이 주인공으로 대접받기를 간절히 바란다. 물론 대부분의 엄마들이 자기의 자녀들을 '공주' 또는 '왕자'로 대접하고 있는 것으로 안다. 그럼에도 불구하고 한 가지 더 바랄 것이 있다면 우리 십대들을 미래의 주인공이 아닌 현재의 주인공으로 봐 달라는 것이다.

아마 우리 십대들이 엄마에게 가장 듣기 싫은 말을 꼽으라면 "공부하라!"는 것 다음으로 "나중에" "이 다음에" "대학에 들어가고 나서"라는 말일 것이다. 하기야 이 말들 또한 "공부하라!"는 말을 하기 위한 배경 속에서 이루어지는 말들이고 보면 우리 아이들이 지독하게 싫어 할만도 하다.

공부 이외에는 무엇이든 대학입시 이후로 미루어주었으면 하고 바라는 생각이 우리 엄마들의 공통된 생각일 것이다. 나 또한 그런 엄마였기 때문에 우리 엄마들의 마음을 충분히 이해한다.

하지만 나는 우리 아이들에게 미래를 행복하게 사는 법이 아니라 현재를 행복하게 사는 법을 먼저 알려주어야 한다고 생각한다. 미래의 주인공이 아니라 현재의 주인공으로 사는 방법을 가르치는 것이 현명한 엄마라고 생각한다. 십대 시절 내내 불행한 삶을 살았던 사람이 어떻게 갑자기 어른이 되었다고 행복해질 수 있겠는가? 청소년기 동안 단 한 번도 행복을 경험해보지 못한 사람이 어떻게 미래의 삶을 풍요롭게 이끌 수 있겠는가?

N.H. 클라인바움의 소설 '죽은 시인의 사회'에서 존 키팅 선생이 외쳤던 "카르페 디엠(Carpe Diem)!", 즉 "오늘을 즐겨라!"는 그 의미를 다시 한 번 깊이 새겨볼 일이다.

현재는 미래를 위해 당연히 희생 되어도 좋을 만큼의 무가치한 시간이 아니라고 말하고 싶다. 아니 어쩌면 가치 있는 미래를 위해 미래보다 더 소중하게 다루어져야 할 시간이 현재라고 강조하고 싶다.

청소년들은 지금이 중요하다.

우리 청소년들은 미래의 주인공이 아니다. 현재의 주인공이다.

더 이상 우리 자녀들을 미래의 주인공이라는 신기루 속으로 밀어 넣지 말자. 불확실한 미래를 담보로 확실한 현재를 완전히 포기하라고 강요하여서는 안 된다.

우리나라 IT산업의 태동 요체도 청소년이다. 디지털 문화를 누리는 세대도 청소년이다. 4.19를 있게 한 주인공도 청소년으로부터 시작되었다. 촛불 시위 현장 속에도 청소년은 어김없이 있었다.

이제는 청소년들이 사회의 주축이 되어 움직이고 있다. 문화의 수요와 공급자도, 첨단 기기의 수요자들도 청소년들이다. 언제까지 이들을 미래의 주인공으로 몰아 낼 것인가?

십대교회는 철저하게 아이들을 주인공으로 세우고 있다. 그리고 그들이 실제 그렇게 느끼도록 작은 것 하나까지도 세심하게 그들의 입장에서 바라보려고 노력하고 있다. 이러한 나의 노력이 비록 지금은 작은 것에 불과하다 할지라도 이 땅의 모든 엄마들이 나의 바람에 뜻을 같이 해준다면 우리 청소년들은 더이상 미래의 주인공이 아니라 현재의 주인공이 될 것이다. 그래서 나는 오늘도 꿈을 꾼다.

환상을 본다.

아이들이 주인공인 십대교회가 이 땅 곳곳마다 세워지는 꿈을 꾼다.

그리고 이 땅 위에 선 모든 청소년들이 가정에서나 학교에서, 그리고 사회에서까지 현재의 주인공으로 당당하게 대접받는 그 날을 꿈꾸며 미래의 환상을 본다.

백 마디 말보다 한 번의 따스한 스침

나는 요즘 후배 목사들을 만나면 입버릇처럼 하는 이야기가 있다.

"큰 목회 하려고 애쓰지 마세요."

자칫 많은 성도들이 모이는 큰 목회는 목사가 성도들 앞에 섰을 때 스스로 군중 앞에 선 듯 한 느낌을 갖거나 반대로 성도들에게 그러한 느낌을 주는 목회를 할 가능성이 높아질 수 있기 때문이다.

우선 목자가 내 양을 알고, 양이 내 목자의 음성을 알아야 참 목회를 할 수 있다는 것이 변함없는 나의 지론이자 소박한 나의 목회 철학이다. 예수님 또한 이 같은 부분을 성경 곳곳에서 강조하셨고 실제에 있어서도 많은 군중들 대신 열두 명의 제자를 따로 세워 양육하는 소수정에 훈련법을 택하셨다. 주님은 제자 하나하나를 온전히 알기 원하셨다. 그리고 제자들 하나하나가 예수님에 대해 온전히 알기를 원하셨다. 이것이 잘 알려진 주님의 제자 훈련법이다.

나 또한 우리 십대교회 아이들 한명 한명을 예수 그리스도의 온전한 제자로 훈련시키는 것에 목회목표를 두고 있다.

20년 넘게 청소년 사역을 하고 있지만 나는 아이들을 '잘 안다' 고 절대 생각하지 않는다. 내가 안다고 생각하는 그 순간 모르는 경우가 허다하기 때문이다. 예를 들어 똑같은 아이에 대해 동일한 상황에서 내가 이전에 알았던 경험으로 그 아이를 대했다고 생각해 보자. 그 당시 그 방법은 좋은 결과를 얻었을지 모르겠지만 나중에는 동일하게 대처했다고 하더라도 전혀 예상하지 않았던 엉뚱한 결과를 나타내는 경우가 종종 있다. 안다는 선입견으로 대하면 절대 알 수 없는 것이 청소년이다.

그들은 끊임없이 변화하고 빠르게 성장한다.

이러한 사실을 잘 모르는 대다수 엄마들은 자신의 자녀들에 대해서는 이 세상에서 자기가 가장 많이, 세세하게, 정확하게 안다고 생각한다. 하지만 그것은 큰 착각이다. 나는 사역의 현장에서 청소년과 그 엄마들을 상담하면서 자신의 딸과 아들에 대해 모르는 엄마가 너무나 많다는 사실에 놀라곤 한다. 아이들이 무엇을 좋아하는지 전혀 모르는 엄마, 아이들이 하고 싶어 하는 일에는 전혀 관심이 없는 엄마, 심지어 자녀는 이성문제, 학교폭력, 왕따, 가출, 자살충동 등 위급한 상황에 직면해 있는데 몇 등 떨어진 중간고사 성적에만 애를 태우는 엄마를 보면서 가슴이 아플 때가 많다.

아이들은 고통 속에서 손톱이 다 깨지도록 엄마의 가슴을 두드리고 있는데, 베란다 난간에 서서 아찔한 아스팔트 바닥을 응시하며 "제발, 도와 달라!"고 소리치고 있는데 엄마는 성적표만 들고 발을 동동거리고 있다.

나는 이런 광경을 보면 마음이 답답하다. 누구 하나 따뜻하게 손 내밀어 주는 사람이 없어 철저하게 혼자서 아파하는 우리 청소년들 때문에 슬프다. 그리고 자기의 자녀들을 잘 알지 못해 나중에 후회하며 너무나 힘겨운 상황을 겪어야 하는 안타까운 엄마들 때문에 마음이 상한다.

아이들을 잘 알 수 있는 방법은 엄마와 자녀의 손과 손, 마음과 마음이 만나 일어나는 전인격적인 교감이다. 이것은 말처럼 쉬운 것은 아니다. 그렇다고 불가능 한 것도 아니다.

우선 신체적인 교감을 생각해보자. 나는 교회 안에서 아이들을 볼 때마다 등을 두드려주고 머리를 쓰다듬으며 손도 잡아준다. 때로는 껴안아 주기도 한다. 가능하면 그들을 볼 때마다 내 사랑의 마음을 전하는 따뜻한 접촉을 가지려고 노력한다. 아이들은 몸을 통해 말한다. 지겨우면 심하게 몸을 비틀기도 하고 가슴이 답답하면 벌떡 일어나 무작정 달리기도 한다. 따라서 어깨를 부딪쳐 가며 함께 운동을 하는 것도 좋고 손을 잡고 말없이 공원을 산책하는 것도 좋다. 손을 잡고 기도 할때면 아이의 뜨거운 눈물 한 방울이 내 손등을 적신다.

백 마디 말보다 한 번의 따스한 스침이 더 좋다.

마음과 마음을 나누는 정신적인 교감은 공감으로 시작해 공감으로 마친다. 아이들의 생각에 공감하지 않고는 절대 진정한 정신적인 교감을 나눌 수 없다. 내 아이에게 손가락 하나 내밀어주라. 그리고 손을 잡아주라. 손을 통해 아이의 심장 소리가 들리지 않는가…

공감은 내 생각을 비운 자리에 다른 사람의 생각을 그대로 받아들이는 일이다. 내가 그 사람의 아픔을 가지고 생각하는 것이다. 그 사람의 상처를 안고 생각하는 것이다. 그 사람의 다급함으로 생각하는 것이다. 그 사람이 되어 그 사람의 마음으로 생각하는 것이다.

내가 목회의 현장에서 자주 눈물을 흘리는 것도 이 때문이다. 공감하면 실제 심장이 조여드는 뻐근한 통증을 느끼기도 하고 때로는 옷 밑의 살갗이 아파오는 고통을 느끼기도 한다. 특히 상담에서는 공감이 필수다. 공감하지 못했을 때는 차라리 입을 닫는 것이 그 사람에게 오히려 도움이 되는 경우가 많다.

마지막으로 강조하고 싶은 것이 영적인 교감이다. 엄마는 자녀와의 깊이 있는 영적인 교제를 통해서만 내 아이를 향한 하나님의 계획을 발견할 수 있다. 내 아이의 진정한 꿈을 알 수 있다. 자녀와 함께 오랫

동안 기도하며 찾아낸 꿈은 반드시 이루어질 것이다. 그리고 그것을 통해 내 자녀는 일평생 주님 안에서 행복한 삶을 살 수 있을 것이라고 확신한다.

이 땅의 모든 엄마들에게 말하고 싶다.
"내 아이의 꿈을 아는 것보다 내 아이를 아는 것이 먼저입니다."
자녀와의 전인격적인 교감과 교제를 통하여 내 아이를 온전히 알면 그 아이의 꿈이 보일 것이다. 내 딸과 아들을 향한 하나님의 놀라운 계획을 눈 위에 찍힌 큰 발자국처럼 선명하고 뚜렷하게 볼 수 있을 것이다.

밥 짓는 목사, 따뜻한 밥 한 끼의 기적

옛 어른들은 '밥을 만든다'라고 말하지 않고 '밥을 짓는다'라고 표현해왔다. 아마도 집을 짓는 것과 밥을 짓는 것의 중요도가 거의 같다고 여긴 것 같다.

나 또한 밥은 만드는 것이 아니라 짓는 것이라고 생각한다.

밥을 짓기 위해서는 우선 밥 먹을 이와 밥 짓는 이의 마음을 촘촘히 엮어 든든한 기초로 놓아야 한다. 홀어머니를 봉양하기 위해 오십 리 길 장터에 나뭇짐을 지고나간 아들의 마음과 그 아들이 웃는 얼굴로 돌아오기를 기다리며 밥을 짓는 어머니의 마음이 그것이다.

그리고 그 위에는 봄부터 씨를 뿌리고 그 뜨거운 여름의 뙤약볕을 견딘 농부의 정성과 밥 짓는 이의 사랑이라는 두 기둥이 세워진다. 마지막으로 그 위에는 하나님과 자연에 대한 감사와 식탁에 함께 둘러앉아 밥을 나누는 이들의 기쁨이 지붕으로 씌워진다.

결국 밥을 짓는 과정과 집을 짓는 과정이 동일하다는 것이다. 집을 짓는 이의 마음과 밥을 짓는 이의 마음이 같다는 것이다.

우리 십대교회 아이들은 나를 '밥 짓는 목사'라고 부른다. 나는 그 별명을 아이들이 내 가슴에 달아준 멋진 훈장이라 생각하며 기쁘고 영광스럽게 받아들인다.

나는 밥 익어가는 냄새가 참 좋다. 밥솥 뚜껑을 열었을 때 그 안에 올망졸망하게 모여 있는 밥알들의 귀여운 모습을 보는 것이 좋다. 김이 모락모락 오르는 밥을 우리 아이들에게 건네면서 느끼는 그 따뜻한 온기가 좋다. 밥을 먹으면서도 참새처럼 쉼 없이 재잘거리는 그들의 끝없는 이야기가 좋다. 몇 번이고 더 먹겠다며 밥솥을 오고가는 그들의 예쁜 식탐이 좋다. 빈 그릇을 내밀며 환하게 웃어주는 그들의 미소가 나는 참 좋다.

그래서 나는 지난 주에도 밥을 지었고 이번 주에도 밥을 짓는다.

그리고 또 다음 주에도 밥을 지을 것이다.

나는 내가 좋아서 밥을 짓는다.

그래서 나는 '밥 짓는 목사'라는 별명을 좋아 한다.

밥에는 음식 이상의 큰 힘이 있다. 차갑고 딱딱한 마음을 하나로 녹여내는 봄 햇살 같은 힘이 있다. 조금 멀게 느껴졌던 사람들도 금방 친하게 만들 수 있는 마법같은 힘이 있다. 그래서 우리 옛 어른들은 가족을 식구라고 불렀는지 모르겠다.

이러한 밥의 힘은 그 따뜻한 온기에서 나온다고 생각한다. 그 온기는 엄마의 손을 잡았을 때 느끼는 온기와 닮아 있기 때문이다. 엄마의 가슴에 푹 묻혔을 때 느껴지는 그 온기와도 닮아 있기 때문이다.

이런 철칙을 좀더 일찍 알았더라면 내 자녀들에게 밥을 지어 먹이는 일에 시간을 더 많이 내주었을텐데… 나는 그간의 목회 경험을 통해 따뜻한 밥 한 끼의 힘이 냉랭한 설교 열 번보다 더 큰 힘을 갖고 있다는 사실을 깨닫게 되었다. 그래서 나는 우리 십대교회 아이들에게 어떤 설교를 할까 고민하는 것 그 이상으로 어떤 것을 먹일까를 더 고민한다.

우선 시장을 볼 때 조금 비싸더라도 좋은 재료를 사려고 애쓴다. 가능한 신선한 것을 고르려고 발품을 판다. 간식을 살 때도 나트륨 함량이나 트랜스지방, 식품 첨가물 함량 여부까지 꼼꼼히 따져 구매한다. 정말 내 자식을 먹이는 마음으로 작은 것 하나하나까지 세세하게 챙긴다.

이렇게 정성과 사랑으로 준비한 따뜻한 밥 한 공기는 아이들이 마음의 벽을 헐도록 도와준다.

우리 아이들이 가끔 나에게 해주는 말이 있다.

"내가 어른이 되었을 때 목사님처럼 되고 싶어요."

십대교회 목사가 십대들에게 들을 수 있는 최고의 찬사라고 생각한다. 그 말을 들을 때마다 부끄러움과 함께 무한한 책임감도 느끼지만 큰 보람과 행복을 느끼기도 한다. 나는 그것이 내가 지금껏 그들에게 정성으로 지어 먹인 밥에 대한 고마움을 그들만의 언어로 표현한 것이라고 여긴다. 내 마음이 밥을 통해 그들에게 그대로, 아니 그것 이상으로 전달되었다고 생각한다.

나는 이 밥 짓는 지혜를 우리 엄마들과도 꼭 나누고 싶다. 특히 아이들을 위로하고 격려하고 싶거나, 낮아진 자존감을 높여주고 싶거나, 아이와 다툰 후 화해하고 싶거나, 또는 아무런 목적 없이 그냥 아이를 사랑해주고 싶을 때 밥을 지어 보라고 말하고 싶다.

매일 3번씩이나 하는 밥을 새삼스럽게 무얼 또 짓느냐며 고개를 갸우뚱 하는 분도 있을 것이다.

하지만 내가 말하는 밥 짓는 일은 평소에 무감하게 밥을 짓는 일과는 조금 다르다. 정말 그날만큼은 그 아이만을 위해 짓는 밥이라는 의미에서 다르다. 쌀을 퍼오면서, 그리고 쌀을 씻으면서 그리고 밥물을 맞추면서, 밥이 되기를 기다리면서 그 아이만을 생각한다는 의미에서 다르다.

백년 만에 한 번 오는 귀한 손님을 맞듯 반가움으로 맞이한다는 의미에서도 조금 다르다. 그렇다고 꼭 화려한 반찬을 올려놓으라는 이야기는 아니다. 정말 그 아이가 좋아하는 반찬이라면 한두 가지여도 상관없다. 그냥 정성스럽게 차려진 식탁에 마주 앉아 함께 밥을 나누면 된다. 한없이 사랑스러운 눈으로 내 아이를 바라보며 8월의 태양처럼 뜨겁게 축복하면 그 뿐이다.

이때 가벼운 일상의 대화를 나누는 것은 도움이 된다. 하지만 아이가 마음을 열기 시작했다고 해서 즉시 엄마의 '목적의식'을 드러내서는 안 된다.

엄마가 말하지 않아도 아이는 안다. 이미 엄마가 말하고 싶어 하는 것이 무엇인지 알고 있다. 그냥 엄마의 마음을 따뜻한 밥 한 공기에 실어 보내는 것으로 충분하다.

엄마가 아무 말 없이 미소를 지으며 바라만 보아도 아이는 그 포근한 식탁에 앉아 엄마의 자궁 속에서 즐기던 행복한 유영의 흔적을 찾아낼 것이다. 옹알이를 하며 엄마의 가슴 속으로 한없이 파고들 때 느꼈던 그 따스한 젖가슴의 온도를 기억해 낼 것이다. 그리고 엄마의 팔을 베고 누워 들로 산으로 강으로 바다로 하늘로 달리고 뛰고 솟구치고 날며 마음껏 펼쳤던 그 형형색색의 꿈들을 모두 기억해 낼 것이다.

따뜻한 밥 한 끼의 기적을 믿어라.

어느 날, TV 토크쇼에 나와서 장훈이가 하는 말을 들었다.

"엄마가 아니었으면 나는 잡놈이 됐을겁니다. 엄마는 잡놈으로 살았을 나를 잡아서 사람답게 살아갈 수 있도록 해줬습니다. 20대에는 매일 죽고 싶었고, 30대에는 살고 싶었는데, 40대인 요즘은 살아 있는 것 같습니다. 그래서 나는 '무엇이 행복하게 만드는가' 라고 스스로 자문해 보았더니 남들이 행복해 하는 모습을 보는 게 그렇게나 행복하더라구요" 라고 고백했다.

모든 시청자들 앞에서 이렇게 말하는 장훈이를 위해 한 일이라고는, 그것도 장훈이와 화해하고 난 이후에야, 사랑하는 아들이 가끔 집에 들를 때마다 정성스럽게 차린 따뜻한 밥 한 끼를 함께 나눈 것 밖에 없다. 장훈이가 온다고 하면 온 종일 그 아들을 품고 오로지 그 아들을 위해 장을 보고, 밥을 짓고, 반찬을 만든 그 작은 수고로움 밖에 없다. 나는 장훈이가 엄마와 그 따뜻한 밥을 나눈 이후에야 비로소 매일 죽고 싶었던 자신이 살고 싶어졌고, 그리고 마침내 살고 있는 것 같다고 말할 수 있게 되었다고 생각한다. 남들이 행복해 하는 모습을 보면서 자신의 행복을 느낄 수 있는 성숙한 사람으로 성장했다고 믿는다.

평생 잡놈으로 살아 갈 수도 있었던 한 인간이 사람답게 살 수 있게 된 것, 나는 이것이 이 땅에서 볼 수 있는 그 어떤 기적보다도 더 큰 기적이라고 생각한다. 또한 이 모든 것이 따뜻한 밥 한 끼가 만들어 내는 기적이라고 확신한다.

따뜻한 밥상 앞에는 자녀를 위해 말없이 준비한 엄마의 사랑이 함께 있기 때문이다.

말보다 밥이 먼저다.

제5장

아이를 사육하지 말라

농부는 안다.
자신이 할 수 있는 일이라곤 고작 씨를 뿌리고
가끔 잡초를 뽑거나 김을 매주고
거름을 더 하는 일 밖에 없다는 것을 알고 있다.
열매 맺는 일은 조바심 낸다고 될 일이 아님도 알고 있다.
하나님이 주시는 햇빛과 이른 비와 늦은 비를 통해
스스로 열매 맺는 것임을 너무나 잘 알고 있다.
그래서 농부는 기다린다.
열매 맺을 때까지 자신의 목소리를 내지 아니하고
묵묵히 기다리는 것이다.
아이는 엄마의 기다림 속에서 성숙되어 간다.
여물어 간다.
열매 맺어 간다.
기다리고 또 기다려야 한다.

엄마는 아이의 뿌리다

장훈이가 각종 언론과의 인터뷰에서 기부를 시작하게 된 동기를 묻는 질문에 대해서는 매번 엄마에게 영향을 받았다며 나를 들먹이지만 나의 기억으로는 단 한 번도 장훈이에게 "기부 좀 하고 살라"는 말을 한 적이 없다.

또한 갓난쟁이 때부터 내가 보아온 장훈이는 누구를 돌볼 만큼 강하고 부지런한 아이가 아니었다. 어린 시절에는 늘 자기 몸 하나 추스르는 것도 힘들어하며 귀찮아하던 아이였다.

더구나 청소년기에는 나의 사업이 파산되면서 엄마가 늘 빚 독촉에 시달리며 돈으로 인해 힘들어하는 모습을 항상 지켜보면서 예민한 사춘기를 보냈기 때문에 물질적으로나 정신적으로 남을 도울 만큼 넉넉

한 환경에서 자라지 못했다. 가수가 되겠다며 독립한 후에도 낮에는 손수레를 끌고 수박장사를 하거나 공사장에서 막노동을 하고 밤에는 라면 하나로 끼니를 때우며 살았기 때문에 다른 사람들의 어려운 형편을 돌아볼 여유조차 갖지 못하고 자란 아이다. 그런 장훈이가 어느 날부터인가 조금씩 기부를 하기 시작했다. 그리고 부끄럽게도 기부천사라는 별명이 따라붙었다.

장훈이에게 어떤 기부의 유전자가 있어 여기에 까지 이르렀을까?

고민 끝에 나는 그 해답을 친정엄마에게서 찾았다.

"성애야, 옆집은 굶고 있는데 우리만 배 불리 먹으면 안 되는 거다. 자기만을 위해 먹고 싸고 사는 사람은 버러지와 다를 바 없지 않겠니? 내가 먹을 수 없을 정도의 음식을 남에게 주지 말고, 내가 입을 수 없을 정도의 옷을 남에게 주어서는 안 된다. 항상 좋은 것을 이웃에게 주어야 한다. 그리고 늘 나라와 민족을 생각하면서 살아야 한다."

친정엄마는 내 유년 시절에 이런 말들을 자주 들려 주셨다. 그리고 실제 그렇게 사셨다.

그 한 예로 어린 시절 우리 집에는 장독대에도 쌀독이 있었다. 춘궁기 때 배고픔을 견디지 못하고 남의 집 담을 넘는 이웃이 도둑으로 몰리지 않고 편하게 필요한 만큼 쌀을 퍼갈 수 있도록 만들어 놓은 친정엄마의 사려 깊은 배려에서 나온 특별한 쌀독이었다.

또 하나 기억에 남는 것은 우리 집에 밥을 얻으러온 거지를 대하는 친정엄마의 태도였다. 엄마는 비록 그 신분이 거지라고 하더라도 항상 툇마루까지 올라오게 해서 정성스럽게 차린 밥상 위에서 따뜻한 식사를 하도록 했다. 옛날의 거지는 밥과 양식을 구했다. 돈이 아니라 정말 배가 고픈 사람들이었다.

그런 덕분에 나도 모르게 나의 세포 하나하나에 어려운 사람들을 돕되 마치 나의 가족을 돕듯이 마음과 뜻을 다하여 정성껏 도와야 한다는 생각이 깊이 각인되었던 것 같다.

그래서 나 또한 그렇게 살려고 애썼다. 누가 배추 한 포기를 얻으러 오면 다섯 포기를 주었다. 빨래 해 주는 대가로 우유 한 통 값을 달라고 하면 빨래는 주지 않고 그냥 우유 세 통 값을 주기도 했다. 우리 집을 찾아온 사람이라면 그가 누구이든 작은 것 하나라도 더 들려 보내려고 노력했다. 다행이 장훈이는 어릴 때부터 나의 그런 모습을 자연스럽게 보면서 자라왔던 것 같다.

엄마는 아이의 뿌리다. 아이들은 자궁에 착상되면서부터 엄마의 탯줄을 통해 영양을 공급 받아 자란다. 엄마가 좋은 것을 먹으면 좋은 것이, 엄마가 독한 것을 먹으면 독한 것이 아이의 몸속으로 그대로 흘러들어간다. 아이에게 좋은 영양분을 공급할 것인가 아니면 독한 것을 공급할 것인가는 전적으로 엄마에게 달려 있는 셈이다.

아이가 엄마로부터 연결된 그 탯줄을 끊고 세상 밖으로 나왔다고 해서 엄마와 아이의 이러한 연결고리가 완전히 단절되는 것일까? 물론 아니다.

여전히 아이들은 자신의 뿌리인 엄마로부터 끊임없이 물과 영양분을 공급받아야 한다. 수관과 체관을 통해 쉼 없이 교류해야 한다. 꿈과 생각을 주고받아야 한다. 따라서 여전히 아이에게 있어 엄마의 영향력은 절대적일 수밖에 없다.

뿌리를 통해 싱싱하고 풍부한 영양분을 늘 공급받고 있는 아이는 시냇가에 심은 나무처럼 시절을 따라 항상 좋은 열매를 맺을 수밖에 없다.

하지만 엄마와 아이를 연결하는 수관과 체관이 막혀 있어 제대로 영양분을 공급받지 못하는 아이는 생기를 잃은 채 시들어 갈 수 밖에 없는 것이다. 엄마가 아무리 유익하고 아름다운 것을 자녀에게 주고 싶어도 자녀에게로 통하는 수관이 엄마의 거친 욕심에 의해 상처가 나 있거나 꾸지람과 불신의 돌로 막혀 있다면, 자녀에게로 통하는 체관이 엄마의 분노로 심하게 구부러져 있거나 무관심의 바위에 짓눌려 있다면 아이는 목마름과 영양실조 때문에 좋은 열매를 맺을 수 없을 것이다.

이것은 취수원에서 아무리 맑고 깨끗한 물을 모아 잘 정수를 했다고 하더라도 집까지 연결되는 수도관이 녹슬어 있다면 우리는 깨끗한 물을 마실 수 없다는, 중간에 수도관이 파열돼 있다면 한 방울의 물도 얻을 수 없다는 원리와 같다.

결국 주는 것 이상으로 그것을 받아들이는 곳과의 연결통로가 중요하다는 이야기다. 엄마는 최선을 다해 많이 주었다고 생각하는데 아이가 목말라하고 있다면, 배고파하고 있다면 연결통로를 즉시 점검해 보아야 한다. 아이가 얼마나 받아들이고 있는지를 급하게 점검해 보아야 한다.

　아이는 엄마에게 뿌리를 내리고 자란다. 자녀가 엄마의 사랑과 헌신의 영양분을 먹고 자라게 하라.

아낌없이 주는 나무 '엄마'

　　　　　　나는 가끔 장훈이가 혼자 사는 아파트에 들르곤 한다. 늘 바쁜 공연과 방송 일정 때문에 집을 방문해도 아들을 볼 수는 없지만 크게 상관하지 않는다. 오히려 장훈이가 쉬는 시간에 내가 들르면 오랜만의 휴식을 방해할 수도 있다는 생각 때문에 아들이 집에 없는 시간을 택해 들르는 것이 습관이 되었다.

　한번은 이부자리가 불편하고 부족해 보여 굉장히 마음이 아팠다.

　'그동안 편하게 잠조차 못 잤구나!'

　나는 새 이부자리를 준비해 넣어두고는 침상을 붙들고 간절히 기도했다.

　"주님, 우리 장훈이가 이곳에서 잠들 때마다 그의 영혼을 지켜주세요. 이 세상에 있는 모든 악한 것들로부터 내 사랑하는 아들을 보호해주세요."

나는 그 침상 위에 뜨거운 눈물로 기도의 씨를 뿌렸다.

그리고 꽃이 활짝 핀 난초 하나를 머리맡에 두었다.

난초 줄기에는 노란 리본을 하나 매어 이렇게 적었다.

'아들 사랑해! 엄마가.'

나는 아파트 문을 나서며 새 이부자리와 머리맡의 난초, 그리고 화분에 적힌 글귀를 보며 피식 웃을 장훈이의 얼굴을 떠올리며 행복해했다. 이제는 다 커버린, 오히려 내가 주는 것보다 그가 나에게 주는 것이 더 많은 아들이지만 나는 아직도 나에게 나누어 줄 영양분이 있다는 사실에 행복했던 것이다. 아직 그래도 내 아들에게 미소 짓게 할 힘이 남아 있다는 사실에 기뻤던 것이다.

그래서 나는 쉘 실버스타인의 동화 '아낌없이 주는 나무'를 참 좋아한다. 그리고 조금은 슬퍼지기도 한다. 마치 아낌없이 다 내어 주는 부모의 마음과 같아서…

옛날에 사과나무 한 그루가 있었다.

그 나무에게는 사랑하는 소년이 있었다.

소년은 매일 나무에게로 와 놀았다.

나무줄기를 타고 올라와 매달려 그네도 타고 숨바꼭질도 하고 배가 고프면 사과도 따 먹었다.

피곤하면 나무에 기대 단잠을 자기도 했다.

세월이 흘러 소년은 나이가 들었고 돈이 필요했다.

나무는 자신의 사과를 따다가 팔아 돈을 벌라고 했다.

한동안 오지 않던 소년은 어느 날 나무를 찾아와 따뜻한 집이 필요하다고 했다.

나무는 자신의 가지를 베어다 집을 지으라고 했다.

많은 시간이 흘러 소년이 다시 나무를 찾았다.

"배 한 척이 필요해."

나무는 자신의 줄기를 잘라 배를 만들라고 했다.

소년이 다시 나무를 찾았을 때 그는 할아버지가 되었고 나무는 늙어버린 밑동만 남은 신세가 되었다.

그래도 나무는 행복했다.

그 늙은 소년이 자신의 밑동에 앉아 편히 쉴 수 있었기 때문이다.

나는 안다. 이 땅의 모든 엄마들이 밑동만 남아도 자녀를 위해 할 수 있는 것이 있다면 그 것만으로도 행복한, 아낌없이 주는 나무라는 사실을 너무나 잘 알고 있다.

하지만 우리는 참 어리석게도 아주 가끔은, 아낌없이 주는 나무라는 사실을 망각한 채 자녀에게 엄마가 준 것에 대한 '티'를 내려고 하는 경우가 있다. 때로는 반대급부를 바라기도 하고 그것을 통해 엄마가 목적하는 무엇인가를 이루려고 하는 경우도 있다. 특히 이것이 선한 목적에서 출발한 때에는 그 선한 동기에 함몰되는 경우가 많다. 하지만 우리 아이들의 순수한 눈은 그것마저도 금방 찾아낸다. 아낌없이 주는 것인지, 무언인가를 목적하고 주는 것인지 금방 알아차린다.
　나는 이 사실을 경험을 통해 깨달았다.

　주님은 우리 십대교회를 사랑하셔서 많은 청소년들을 보내주셨다. 나는 주님께서 내게 처음 명령하신대로 그들을 교회의 주인공으로 세웠고, 그들 스스로도 교회의 주인공으로 빠르게 자리를 잡아갔다. 내 눈에 그들은 참 행복해 보였다. 그 어떤 아이들보다 활기차보였고 자신감이 넘쳐보였으며 아름다워 보였다. 그들은 무대 위의 주인공처럼 거침없는 멋진 동작으로 나에게 기쁨을 선사한다. 이것을 바라보는 나는 항상 감동한다.

　하지만 우리 십대교회 아이들을 보면서 가슴 한 구석이 항상 허전했다. 교회 밖에 있는 아이들 때문이었다.
　'우리 아이들이 누리고 있는 이 작은 행복을 교회 밖의 아이들에게 조금이라도 나누어 줄 수 없을까?'
　기도 중에 주님은 나에게 좋은 아이디어를 주셨다. 바로 그들이 교회로 올 때까지 기다리지 말고 그들이 있는 현장으로 직접 찾아가는 방법이었다. 갈 바를 몰라 길에서 방황하는 아이들을 찾아가 그들의 말을 들어주기도 하고 상담도 해 주고 허기진 배도 채워주고 싶었다.
　내 이야기를 들은 장훈이가 그 일에 필요한 25인승 버스 한 대와 얼마간의 운영비까지 후원해주겠다고 나섰고 뜻을 같이해 사역에 동참

하겠다는 분들과 자원봉사자들까지 어렵지 않게 합류했다.

2006년 9월, "꿈 이룸이' 라는 뜻을 가진 '꾸미루미' 는 그렇게 시작되었다.

꾸미루미는 쉽게 말해 이동 청소년 문화 쉼터라고 생각하면 된다. 중고등학생들의 하교시간에 맞추어 그들이 많이 지나다니는 길목에 마련되는 데 보통 공원 한 쪽에 텐트를 치고 컵라면과 김밥, 그리고 음료수와 과자를 준비해 청소년들을 맞는다. 청소년이라면 누구나 와서 편안하게 먹고 마시며 쉬었다 갈 수 있는 그들만의 공간이다. 물론 상담을 원하는 학생들은 차 안에 마련된 별도의 공간에서 개인적인 상담을 받을 수도 있다.

사역 첫 날, 청소년들을 위해 무엇인가 의미 있는 일을 새롭게 시작했다는 부푼 마음에 기대와 의욕이 하늘을 찔렀다.

나는 가능한 한 많은 설문지를 준비했다. 꾸미루미를 방문한 아이들을 대상으로 설문 조사를 해서 청소년 관련기관과 단체에 청소년들의 살아있는 현장의 목소리를 들려주고 싶었다. 수년간 그 자료가 축적된다면 청소년 의식 구조를 알아가는 데 기여 할 수도 있을 것 같았다. 물론 앞으로 나의 청소년 사역에도 큰 도움이 될 것이라고 기대했다.

서울 홍대 앞 정문 작은 공원에서 첫 문을 열었는데 생각했던 것보다 많은 아이들이 쉼터를 찾아왔다. 나는 나의 성공에 쾌재를 불렀다.

그리고 자원봉사자들을 배치해 아이들의 식사가 끝나기가 무섭게 미리 준비했던 설문지를 그들 앞에 내밀었다.

착한 아이들은 우리의 요구에 선선히 따라주었다. 컵라면과 김밥, 그리고 음료수와 과자까지 공짜로 얻어먹었는데 이정도 해주는 것쯤은 아무것도 아니라는 눈치였다.

그러나 그 때, 나는 설문을 작성하는 한 여자 아이와 눈이 마주쳤다.

그때 그 아이의 눈은 두터운 설문지를 들고 있는 나에게 이렇게 말하고 있었다.

"그러면 그렇지. 어른들이 우리를 위해 그냥 해주는 것이 어디 있겠어?"

나는 쇠망치로 머리를 한 대 얻어 맞은 것 같은 큰 충격을 받았다. 얼굴이 화끈거리고 등줄기에서는 식은땀이 흘렀다.

나는 정말 부끄러운 어른이었다.

욕심꾸러기 목사였다.

자격 없는 청소년 사역자였다.

나 스스로도 속고 있었다.

그것이 청소년들을 위한 선한 길이라고 철썩같이 믿고 있었다.

그들을 위한 최선의 봉사라고 생각하고 있었다.

하지만 그것은 아낌없이 주는 나무가 해서는 안 되는 행동이었다.

나는 설문조사를 당장 멈추었다. 그리고 그 아이에게 달려가 무릎이라도 꿇고 진심으로 사과하고 싶었다. 아무 일 없었다는 듯 일어서서 친구들과 깔깔거리며 돌아서는 그 아이의 등을 보며 말했다.

"이 욕심 많은 목사를 용서하렴. 순수한 너희들의 마음에 큰 불신을 주었구나. 앞으로는 너희들에게 작은 그 무엇 하나도 바라지 않을게. 정말 아낌없이 주는 나무로 너희들 앞에 항상 변함없이 서 있을게. 나는 너희들을 진심으로 사랑한단다."

그날 이후에야 비로소 나는 그들의 진정한 친구로 받아들여진 것 같다. 꾸미루미에서 만난 아이들은 하나같이 나를 '때장'(대장)이라 부르기 때문이다. 아이들이 나를 '때장'이라 불러줄 때마다 나는 정말 행복하다. 그들의 절친이 된 것 같아 좋고, 그들의 진짜 골목대장이 된 것 같아 마구 가슴이 뛴다.

그리고 아무런 성과가 눈에 보이지 않아도 가랑비에 옷이 젖듯이 묵묵히 이 일을 해 나갈 것이다.

이 땅에 있는 청소년들의 피곤한 몸과 마음이 자연스럽게 '꾸미루미'에 들러 쉬어 가도록…

그리고 그들 마음에 선한 영향력을 끼칠 수 있도록…

그래서 기성세대와 청소년들이 자연스럽게 소통할 수 있게 되기를 희망해 보면서…!

아주 가끔은 독한 엄마가 되라

청소년 캠프 참가 차 캐나다를 방문했을 때의 일이다.

나는 캠프에서 자원봉사를 하고 있는 현지 한국인 대학교수의 도움을 받고 있었는데 그는 통역 뿐 아니라 자신의 차량으로 나를 다른 장소로 이동시켜주는 일까지 기꺼이 도와주었다.

한번은 차를 타고 캐나다의 멋진 숲 길을 지날 기회가 있었다.

"나무들이 참 부럽네요."

도로 양쪽으로 쭉쭉 뻗은 아름드리 나무들이 정말 인상적이었다. 할 수만 있다면 저 나무들을 한국으로 가져가고 싶다는 괜한 욕심이 일었다.

"꼭 부러워 할 일만도 아니에요."

의외의 대답에 나는 귀를 쫑긋 세우며 그 이유를 물었다.

"캐나다는 땅도 비옥할 뿐 아니라 비도 적당히 내려 나무들이 아주 잘 자라요. 하지만 이렇게 비옥한 환경이 어떤 나무들에게는 간혹 독이 되기도 한답니다. 나무들이 굳이 깊이 뿌리를 내리지 않아도 잘 자라다 보니 작은 태풍에도 쉽게 쓰러지고 마는 것이지요."

그 교수님의 말을 듣고 보니 숲 곳곳에 쓰러진 채 다른 나무들의 거름으로 썩어가고 있는 많은 나무들이 보였다.

나는 곧게 뻗은 캐나다의 아름드리 나무들을 보며 우리나라의 키 작은 나무들을 떠올렸다. 그 연약한 뿌리로 바위를 뚫고 산 위에 우뚝 선 소나무를 생각했다. 그리고 애국가의 한 소절을 흥얼거렸다.

"남산 위에 저 소나무 철갑을 두른 듯 바람서리 불변함은 우리 기상일세."

나는 가끔 내가 만나는 엄마들에게 '자녀를 사랑하는 딱 고만큼의 크기로 독한 엄마가 되라'고 주문한다. 우리 청소년들이 이 말을 들으면 나를 원망할지도 모르겠다. 하지만 이 말 때문이라면 그들에게 원망을 들을 각오가 돼 있다. 나는 우리 청소년들이 어떤 바람에도 쓰러지지 않는, 어떤 가뭄도 견딜 수 있는 뿌리 깊은 나무로 자라길 간절히 바라기 때문이다.

장훈이가 독립을 선언하며 가출했을 때의 일이다.

어느 날 장훈이 친구로부터 급한 전화가 왔다. 장훈이가 교통사고가 났다는 것이다. 가슴이 철렁 내려앉았다. 다행이 생명에 지장은 없었고 한 달 보름 정도 치료를 받으며 안정을 취하면 된다고 했다.

자식이 아픈데 그보다 더 아프지 않은 어미가 어디 있겠는가? 당장 병원으로 달려가 장훈이의 상태를 확인해 보고 싶었지만 그렇게 하지 않았다. 따뜻한 도시락이라도 싸서 오랜만에 엄마의 음식이라도 먹이고 싶었지만 그렇게 하지 않았다. 병실 문이 열릴 때마다 '혹시 엄마일까?' '우리 엄마가 아닐까?' 하며 문 쪽을 응시하며 나를 기다리고 있을 장훈이를 생각하니 누군가 내 가슴을 뾰족한 송곳으로 찌르는 것 같았다. 장훈이가 병원에 있는 동안은 먹어도 먹는 것이 아니었고 자도 자는 것이 아니었다. 하지만 참고 또 참았다. 다만 조금이라도 후유증을 없애기 위해 장훈이 몰래 제 누나들에게 돈을 보내 영양제도 맞추고 건강에 도움이 되는 음식도 사 먹이도록 했다.

퇴원할 때가 되자 친구들이 돌아가면서 나에게 전화를 해댔다.
"어머니 장훈이 곧 퇴원할 것 같습니다."
아마 퇴원 후에도 어느 정도 휴식을 취해야 하는데 집 외에는 제 몸 하나 편하게 누일 때가 없었던 것 같다. 가슴이 아팠다. 병실에 홀로 누워 엄마의 품을 그리워 할 장훈이를 생각하니 눈물이 볼과 목덜미를 지나 가슴까지 흘렀다. 하지만 나는 친구들에게 어떤 대답도 주지 않았다.

결국 장훈이에게 직접 전화가 왔다.

"엄마, 저 들어가도 되요?"

장훈이의 목소리를 듣는 순간 울컥한 마음이 목구멍까지 올라왔다. 그러나 다시 독한 마음을 다잡았다. 그리고 마치 아무 일도 모른다는 듯 말했다.

"네 방 그대로 있다."

가슴이 아프지만 내 아이를 위해서 그렇게 독해져야 할 것 같았다. 기왕에 홀로 서겠다고 작정한 자식, 정말 홀로 선다는 의미가 무엇인지 철저하게 가르치고 싶었던 것이다.

한번은 TV에서 장훈이가 이런 말을 했다.

"가출했다가 어느 날 집에 돌아갔더니 집이 없어졌더군요. 나에게 연락도 없이 엄마가 일방적으로 이사를 한 거죠. 우리 엄마의 그 사랑스런 지독함이 오늘의 나를 만든 것 같아요."

우리 말에 미운 자식에게는 떡 하나 더 주고 예쁜 자식은 매 한 대 더 때린다는 말이 있다. 성경 잠언에도 매를 아끼면 자식을 망친다는 말이 있다. 나는 이러한 말들을 자식을 사랑하는 딱 고만큼의 크기로 독한 엄마가 되어야 한다는 뜻으로 새긴다.

엄마는 자녀에게 어떤 대가도 바라지 않고 아낌없이 주는 엄마가 되어야 한다. 하지만 항상 그것이 자칫 내 자녀에게 독이 될 수도 있다는 사실을 명심해야 한다.

하나님 또한 사랑과 공의라는 두 수레바퀴로 이 세상을 운행하고 계신다. 엄마의 사랑 또한 독함과 균형을 이루어야 한다. 정말 자식을 위하는 길이라면 절대 타협하지 않아야 하는 독함이 있어야 한다. 물론 이것은 언제나 일관되어야 하며 엄마의 욕심을 위해 사용되어서는 안 된다. 그 독함이 사랑의 다른 이름일 뿐임을 자녀가 알고 느낄 수 있는 것이어야 한다. 하나님은 겟세마네 동산에서 기도하는 예수에게 아주 독한 아버지였다. 하나님은 그 잔을 피하게 할 수 있는 능력을 가지셨지만 그렇게 하지 않으셨다. 그 고난의 잔을 단 한 방울도 감하지 않으시고 모두 마시도록 하셨다. 그것이 우리를 향한 하나님의 절대적 사랑이었다.

하나님의 그 독함으로 우리는 자녀를 사랑해야 한다. 물론 이것이 결코 쉽지 않은 주문임을 안다. 하지만 그렇게 하지 않으면 우리는 자칫 내 자녀를 양육이 아닌 사육하는 우를 범할 수 있다. 자녀를 올바르게 양육하려면 아주 가끔씩은 독한 마음을 먹고 사랑의 매를 반드시 들어야 한다.

농부의 기다림으로 양육하라

　　　　　　사육과 양육, 이 둘의 가장 큰 차이는 무엇일까? 우리 모두는 사육이 아닌 양육을 해야 한다는 것에 모두 고개를 끄덕이지만 어떻게 키우는 것이 사육이고 어떻게 키우는 것이 양육인지에 대해서는 그렇게 심각하게 생각해보지 않는 것 같다. 나 또한 내 자녀들을 키우는 동안에는 그것에 대해 한 번도 생각해 본 적이 없었다.

　하지만 이제는 주님의 자녀들을 기르는 목회자가 되고 보니 이 차이에 대해 깊이 묵상하지 않을 수 없게 되었다.

　나는 사육과 양육의 차이가 '기다림'의 유무에 있다고 본다.

　사육자는 피사육자를 절대 기다려 주지 않는다. 거기에는 사육자의 시간만 있을 뿐이다. 사육자는 정해진 시간까지 목표한 만큼 생산

해야 하기 때문이다.

더 많은 달걀을 얻어야 하는 사육자는 닭에게 잠 잘 시간을 주지 않는다. 24시간 형광등 불빛을 밝혀둔다. 정해진 사육일까지 일정한 무게의 고기를 얻어야 하는 돼지는 사육자가 정한 비좁은 공간 안에서만 생활해야 한다. 닭과 돼지 모두 아픈 곳이 없어도 매일 일정량의 항생제를 먹어야 한다.

사육은 과잉 공급이다.

내 자녀를 과보호하는 것도 사육의 한 모습이다. 어린 나무에 거름을 지나치게 많이 주면 그 나무는 녹아 없어진다.

'기다려 주라!'

자녀를 그냥 내버려두면 잘못될 것 같은 조바심 때문에 우리 엄마들은 주머니 속에 든 헌신과 애정의 리모콘을 만지작거리다 끝내는 자녀의 가슴을 겨누어 엄마가 원하는 방향으로 리모콘을 조작하는 것이다.

어린 시절 '엄마 말 참 잘 듣는다'고 칭찬받던 아이가 갑자기 문제아로 낙인 찍히는 경우가 대부분 이런 경우다. 유년의 아이는 엄마의 리모콘에 따라 움직일 수도 있겠지만 독수리보다 더 넓고 큰 자유의 날개를 가진 우리 청소년들은 절대 엄마의 리모콘으로 컨트롤 할 수 없다는 사실을 알아야 한다.

자녀의 정신적 성장을 기다리지 못하고 조바심이 날 때마다 엄마의 리모콘을 꺼내드는 행위는 분명 양육이 아닌 사육이다.

나는 이 땅의 모든 엄마들에게 농부의 기다림으로 자녀를 양육하라고 말하고 싶다.

봄을 기다리는 농부의 마음에 긴 겨울의 물러남이 아주 더디게 느껴지겠지만 농부는 절대 서두르지 않는다. 얼음 아래로 흐르는 물소리와 버드나무 움에서 봄을 감지하지만 애써 빨리 봄을 맞으려고 부산하게 움직이지도 않는다. 입춘이 지나도 농부는 서둘러 씨를 뿌리지 않는다. 그 씨가 발아하기 가장 좋은 때를 농부는 묵묵히 기다린다. 물론 그 농부에게도 봄을 맞는 설렘과 기대는 있으리라. 그러나 농부는 그 콩닥이는 가슴을 함부로 드러내지 않는다.

완연한 봄, 농부는 이제야 밭으로 나간다. 씨앗들이 싹을 잘 틔울 수 있도록 쟁기질도 하고 거름도 충분히 준다. 하지만 농부는 아직도 더 할 일이 남아있다는 듯 몇 번이고 밭으로 나와 이랑 위를 뒹구는 작은 돌 하나까지도 세심하게 골라낸다.

농부의 손끝을 타고 겨우내 정성스럽게 보관됐던 씨앗들이 뿌려진다. 한 알의 생명을 던져 더 많은 생명을 얻기 위해 농부가 씨를 뿌린다. 이제부터 농부에게는 정말 기다리는 일만 남았다. 농부는 봄비를 기다려야 한다. 그 봄비를 맞고 봄볕 아래로 파란 싹이 올라올 때까지 기다려야 한다. 어린 싹이 땅 속 깊이 뿌리를 내릴 때까지 기다려야 한다. 힘차게 줄기를 뻗고 손바닥 같이 넓은 잎을 내어 마음껏 태양을 삼킬 때까지 기다려야 한다. 자기 안에 감춰진 꽃을 피워 나비를 만날 때까지 기다려야 한다. 폭풍이 지나갈 때까지 함께 아파하며 불면의 밤을 기다려야 한다. 그리고 마침내 탐스럽게 열매 맺는, 그 황홀한 추수의 시간까지 기다리고 또 기다려야 한다.

농부는 안다. 자신이 할 수 있는 일이라곤 고작 씨를 뿌리고 가끔 잡초를 뽑거나 김을 매주고 거름을 더 하는 일 밖에 없다는 것을 알고 있다. 열매 맺는 일은 조바심 낸다고 될 일이 아님도 알고 있다. 하나님이 주시는 햇빛과 이른 비와 늦은 비를 통해 스스로 열매 맺는 것임을 너무나 잘 알고 있다.

그래서 농부는 기다린다. 열매 맺을 때까지 자신의 목소리를 내지 아니하고 묵묵히 기다리는 것이다.

아이는 엄마의 기다림 속에서 성숙되어 간다.

여물어 간다.

열매 맺어 간다.

조바심 내지 말고 기다려야 한다. 당장 달려가 쓰러진 아이를 세워주고 싶지만 기다려야 한다. 스스로 일어설 때까지 기다려야 한다. 더 좋은 길을 알려주고 싶지만 기다려야 한다. 더 안전한 길을 알려주고 싶지만 묵묵히 기다려야 한다. 우리 아이가 자신의 길을 찾을 때까지 말없이 기다려야 한다. 스스로 아름다운 열매를 맺을 때까지 기다려야 한다. 그러나 아이에게서 항상 눈을 떼지 말라.

지혜로운 엄마는 농부의 기다림으로 자녀를 양육하는 사람이다.

제6장

아이를 자유하게 하라

폭풍처럼 휘몰아치는 아빠와 엄마의 권위적인 꾸지람 앞에서
아이는 절대 변화되지 않는다.
꾸지람은 자녀가 잘못한 만큼의 죄 값을 치르게 하는 형벌의 집행이 아니다.
아이의 가슴을 갈기갈기 찢어 다시는 일어서지 못하도록
희망의 싹을 아주 잘라버리는 일은 더욱 아니다.
정말 좋은 꾸지람은 아이 스스로 마음을 열도록
부드럽게 꾸짖는 것이다.
희망이 남도록 꾸짖는 것이다.

가인과 아벨의 비극

왜 성경은 "네 자녀를 노엽게 하지 말라"고 경계했을까?

올바르게 자녀를 양육하는 수천수만의 긍정적인 방법들을 모두 뒤로 하고 노엽게 하지 말라는 다소 부정적인 의미를 담은 경구를 선택했을까?

나는 청소년들을 만나면서 그 작은 가슴 속에 담긴 크고 작은 분노들을 보게 되었고, 그 이유를 조금씩 깨달아가고 있다. 내 아들 속에도 잠재 되어 있을 그 분노를!

엄마에게 분노를 갖고 있는 아이는 엄마로부터 공급되는 그 어떤 것도 수용하지 않는다. 때로는 그것이 자신에게 아주 달콤한 것일지라도 그 달콤한 것을 받아먹음으로 잠시라도 기뻐할 엄마의 얼굴이 싫어 쓰레기통에 던져버린다.

분노한 아이는 항상 '어떻게 하면 엄마가 속상해할까?'를 연구한다.

어떤 짓을 하면 엄마도 나처럼 분노에 휩싸일까를 생각한다. 그 아이는 엄마가 웃는 것이 싫다. 엄마가 잠시라도 행복한 것이 싫다. 나는 엄마로 인해 이렇게 분노로 가득 차 불행한데 엄마는 왜 아무 일 없다는 듯 즐거워하는 것일까? 아이는 그것을 도저히 용납할 수 없는 것이다. 그래서 엄마 또한 자기처럼 분노로 가득 차 불행에 빠져야 한다는 논리에 빠지는 것이다. 정말 무서운 일이다. 하지만 이것은 일시적이냐 만성적이냐 또는 초기인가 아니면 이미 심각한 시기에 들어섰는가에 차이가 있을 뿐 대부분의 아이들이 엄마와의 관계에서 경험하는 일들이다.

아이들이 엄마에게 분노를 느끼는 경우는 너무도 다양하고 분노가 일어나는 메커니즘 또한 단순하지 않아 그것에 관한 모든 것을 이 작은 책에 담기는 불가능 할 것이다. 다만 나의 상담 경험에 비추어 볼 때 아이들에게 분노를 일으키는 큰 이유 중 하나가 바로 '비교'라는 사실이다. 비교 당하는 아이들은 낮은 자존감으로 인해 자기 비하가 심하다.

아이는 비교당할 때 엄청난 분노를 느낀다.

그런데 엄마들은 아무런 생각 없이 습관적으로 자녀에게 비교하는 말을 너무나도 쉽게 뱉어버린다.

왜 엄마들은 내 자녀를 누군가의 자녀와 끊임없이 비교하는 것일까?

처음 마음은 그것일 게다. 잘 하는 누구 좀 본받으라는 이야기일 것이다. 자녀를 키우면서 그런 말조차 하지 말라는 것은 너무 가혹한 일인 것 같다. 하지만 문제는 그 처음 마음에서 조금씩 더 나아간다는 것이다.

바로 그것을 내 자녀를 비난하는 수단으로 삼는다는 것이다.

자녀에게 만족스럽지 못한 부분을 풀어내는 화풀이 도구로 삼는다는 것이다. 엄마는 비교를 통해 자연스럽게 아이의 열등감을 들추어낸다. 아이가 엄마의 비교를 받아들이지 않으면 않을수록 그 강도는 점점 더 강해진다. 목소리가 올라가고 혈압이 올라간다. 아이는 벌떡 일어나 자기 방으로 들어가 버린다. 방문을 잠근다. 하지만 엄마는 아직도 더 할 말이 남았다. 자녀의 방문에다 대고 몇 마디를 더 쏘아댄다.

방안으로 들어간 아이는 책가방을 방구석으로 집어던지고는 아무렇게나 주저앉아 치밀어 오르는 분노에 주먹으로 벽을 친다. 머리로 벽을 쿵쿵 찧는다.

이렇게 항상 비교당하면서 자란 아이는 스스로를 비교의 틀 속에 가두어 버린다. 정말 가슴 아픈 일이다. 아이는 어른이 된 후에도 아마 자신을 누군가와 끊임없이 비교하며 살아갈 것이다. 그리고 피곤에 지쳐 점차 삶의 생기를 잃어갈 것이다. 비교의 무게로 시들어갈 것이다. 때로는 엄청난 파국으로 치닫기도 할 것이다. 나는 여기서 가인과 아벨의 비극을 본다. 아벨에 대한 가인의 끝없는 열등감을 본다.

좋은 숯을 만드는 원료 중 최고는 단연 참나무인데 우리나라 산에서 쉽게 발견되는 참나무에는 여섯 종류가 있다고 한다.

상수리나무, 굴참나무, 갈참나무, 졸참나무, 떡갈나무, 신갈나무가 그것이다.

떡갈나무와 상수리나무는 산 아래에, 갈참나무와 졸참나무는 산 중턱에, 신갈나무와 굴참나무는 산꼭대기에서 주로 자란다고 하는데 이처럼 자라는 곳도 다르지만 이름의 유래 또한 특색이 있어 재미있다.

상수리나무는 임진왜란 때 의주로 피난 갔던 선조가 도토리묵 맛에 반해 환궁 후에도 수라상에 올렸다 해서, 굴참나무는 껍질에 골이 파여졌다고 해서, 갈참나무는 단풍든 잎을 가을 늦게까지 달고 있어서, 졸참나무는 키는 크지만 잎과 열매가 가장 작아서, 떡갈나무는 떡을 싸서 쪘다고 해서, 신갈나무는 짚신이 헤지면 잎으로 깔창을 만들었다고 해서 각각 붙여진 이름이라고 한다.

참나무 6형제 중 가장 귀한 참나무는 어떤 나무일까?

나는 6형제 모두라고 말하고 싶다. 인간의 사용과 쓰임에 따라 그 경중을 비교할 수는 있겠지만 하나님의 큰 창조섭리 안에서 보면 모두는 각각 최고의 참나무이기 때문이다.

임금님 수라상에 올랐다고 해서 모두 상수리나무가 될 수는 없다. 굴참나무 갈참나무 졸참나무 떡갈나무 신갈나무도 있어야 한다.

산 정상에 올라 산 아래를 보면 하나님은 오케스트라의 지휘자 같다는 생각이 든다.

독주보다는 합주를 더 좋아하는 분 같다. 독창보다는 합창을 더 듣고 싶어 하는 분 같다. 그래서 아담이 홀로 독처하는 것이 좋지 않다고 생각하셨는지도 모르겠다.

하나님은 둘을 비교하기 위해 남자와 여자를 만든 것이 아니다. 서로 돕는 배필로 남자와 여자를 만든 것이다. 하나님은 서로 비교하는 대상으로 형제와 자매를 주신 것이 아니다. 그리고 친구를, 이웃을, 민족을, 나라를 주신 것이 아니다. 하나님은 서로 사랑하라고 이 모든 것을 우리에게 주신 것이다. 비교의 반대말은 사랑이라고 생각한다.

비교는 자녀를 분노의 틀 속에 가두지만 사랑은 자녀에게 당당하게 자신의 삶을 살아가는 자유를 선물하기 때문이다.

그래서 이제부터는 내 자녀에게 누군가와 비교함으로 훈계하고 싶은 마음이 들 때마다 사람은 누군가와 비교 당했을 때 그 사람을 닮아가고 싶은 마음이 생기는 것이 아니라 그 사람을 진정으로 사랑할 때 그 사람을 닮아가고 싶은 마음이 생긴다는 사실을 기억하라. 비교보다는 사랑으로 가르치라는 것이다.

홀로 설 수 있도록 격려한다

　　청소년 사역을 하다보면 가출한 아이 또는 가출을 하고 싶어 하는 아이들을 종종 만나게 된다. 가출한 아이들과 이야기를 나누는 도중에 자연스럽게 가출동기에 대한 대화를 나누게 되는데 엄마 또는 아빠의 부당한 꾸지람 때문에 충동적으로 집을 뛰쳐나온 것이 가출로 이어졌다는 말을 자주 듣게 된다. 이 말을 거꾸로 생각해보면 부당한 꾸지람만 하지 않아도 아이들의 잘못된 가출은 상당부분 예방할 수 있다는 이야기가 된다.

　　아이들을 키우다보면 꾸지람을 하지 않을 수 없다. 그리고 아이들의 잘못된 행동에 대한 꾸지람은 자녀를 올바르게 양육하기 위해 꼭 필요한 일이기도 하다. 결국 꾸지람 자체가 나쁜 것은 아니다. 성경에서도 하나님이 자기 자녀들의 잘못에 대해 무섭도록 꾸짖으시는 모습을 어렵지 않게 찾아볼 수 있기 때문이다. 결국 어떻게 꾸짖는 것이 아이에게 독이 아닌 약이 될 수 있는가에 엄마들의 고민이 필요하다.

우선 아이들의 이야기에 귀를 기울여보자.
내가 만난 청소년들에게 어떤 경우에 꾸지람이 부당하다고 느끼느냐는 질문에 아이들 상당수는 아빠의 권위적인 태도가 부당하게 느껴진다고 말했다. 부모의 위압적인 자세에서 아이들은 부당함을 느끼는 것이다.

아빠와 엄마는 정당함과 부당함의 경계가 꾸지람의 내용이나 강도에 있다고 믿고 있지만 우리 아이들은 내용이나 강도보다는 자기를 꾸짖는 아빠와 엄마의 태도에 더 큰 반응을 보이고 있다.

윽박지르는 말은 그 속에 아무리 좋은 교훈적인 내용을 담고 있다고 하더라도 아이에게는 부당한 것이다. 자신의 화를 이기지 못해 든 매는 그것이 아무리 자녀를 사랑하는 마음에서 휘두른 것이라고 하더라도 아이에게는 부당한 것이다. "말대꾸 하지 말라!"는 표현 속에는 이미 "너는 나의 대화 상대가 아니다. 너는 잠자코 내 훈계나 들어라!"라는 무언의 권위적인 폭력이 담겨져 있는 것이다.

나는 가끔 우리 청소년들만큼 스스로 정당한 대우를 받고 싶어 하는 욕구가 큰 계층이 있을까라는 생각이 들 정도로 아이들이 정당함과 부당함에 큰 관심을 갖고 있음을 사역의 현장에서 체감한다.

하기야 수많은 사회학자들이 이미 청소년을 주변인으로 정의하였고 실제 우리 사회 또한 청소년을 어린이도 어른도 아닌 아웃사이더로 대접하고 있다. 전체적인 사회 분위기가 이렇다보니 우리 청소년들 또한 자연스럽게 스스로를 아웃사이더로 인식하고 있는 듯하다. 어느 사회나 그렇겠지만 아웃사이더들에게는 늘 자신이 부당한 대우를 받고 있다는 일종의 피해의식이 있다. 부당한 대우라는 것은 객관적인 실체일 수도 있고 주관적인 피해망상일 수도 있겠지만 이들에게 정당한 대우를 받고 싶어 하는 열망이 그 어떤 계층보다 크다는 것은 분명한 사실이다.

이야기가 좀 무거워진 감도 있지만 우리 청소년들이 가정에서 정말 힘들어 하는 것 중에 하나가 아빠와 엄마의 권위적인 태도라는 것이다. 그리고 우리 아이들은 그 태도를 부당한 것으로 느낀다는 것이다. 아이들은 자기를 사랑하는 아빠와 엄마가 왜 꾸지람을 할 때는 갑자기 권위적인 태도로 돌변해야 하는지 이해하지 못한다. 왜 자신을 무시하는 말과 폭언이 동반되어야 하는지 알지 못한다.

보통 아이들이 꾸지람을 듣는 경우는 아빠와 엄마가 정해놓은, 원하는 것과 원치 않는 그 경계를 넘나들었을 때이다.

나는 목사로서도 권위의식 따위는 내려 놓은지 이미 오래다.
하기야 매주 토요일 마다 주방에서 밥 짓는 목사가 권위의식을 갖

은들 또 얼마나 갖겠는가?

　그런 까닭에 우리 십대교회 아이들은 내 책상 바로 앞에서도 아무런 제지를 받지 않고 자기들끼리 떠들고 장난친다. 선생님 없는 교실의 자유스런 풍경을 생각하면 이해가 될 것이다. 사실 우리 아이들에게는 내 책상이 놓여 진 그곳이 담임목사 집무실이라는 개념자체가 없다.

　가끔 집사님들이 아이들의 지나친 말이나 행동을 자제시켜야 한다고 조언하지만 아직까지는 어떤 기준이나 규율도 만들 필요를 전혀 느끼지 못한다. 나는 그들 안의 질서를 존중한다. 그들의 인격을 믿는다. 실제 그들의 인격이 점차 성숙해가고 있음을 목격한다. 그리고 가끔은 이미 그 어떤 어른보다 훌륭한 인격과 성품을 가진 아이들을 만나기도 한다.

　바람이 햇님에게 내기를 걸었다.
　길 가는 나그네의 외투를 벗기자는 것이다.
　바람이 먼저 나섰다.
　'그까짓 외투 벗기는 것쯤이야' 바람은 자신만만했다. 하지만 바람의 계산은 틀렸다. 바람이 불면 불수록 나그네는 옷깃을 더 꽉 잡았기 때문이다. 결국 바람은 나그네의 외투를 벗기지 못했다.
　다음은 햇님 차례였다.
　햇님은 그저 나그네의 온 몸 위로 따뜻한 햇살을 조용히 쏟아 부었다. 나그네는 하나 둘씩 단추를 풀더니 결국은 외투를 벗었다.

햇님이 이겼다.

정말 좋은 꾸지람은 아이 스스로 마음을 열도록 부드럽게 꾸짖는 것이다. 따뜻한 햇살처럼 꾸짖는 것이다. 희망이 남도록 꾸짖는 것이다. 아이는 꾸지람 속에서 아빠와 엄마의 아픔과 사랑을 느낀다. 이해와 용서를 배운다. 자신의 잘못을 진심으로 뉘우치고 돌아와 자기가 스스로 서 있어야 할 그 자리에 올바로 섰을 때 느끼는 참 자유를 깨닫는다. 따라서 꾸지람은 아빠와 엄마가 잘못한 아이에게 주는 자유의 선언이어야 한다. 사랑의 고백이어야 한다.

때로는 잘못된 선택도 허용하라

아이들은 그 작은 두 손으로 허공을 휘저으며 엄마의 모태를 빠져 나오는 순간부터 본능적으로 자유롭고 싶어 한다. 그리고 청소년기에 접어들면서는 문득문득 엄마로부터의, 가족으로부터의, 익숙한 환경으로부터의 독립을 꿈꾸기도 한다. 결국 자유를 갈구하는 본능이 성장하면서 독립이라는 형태로 구체화되어 가는 것 같다. 그런데 아이의 자유롭고 싶어하는 마음을 들여다 보면 구속되어 있다는 것을 선험적으로 느끼고 있다는 걸 알 수 있다. 쉽게 말해 무엇으로부터 자유를 억압당하고 있다는 느낌을 지속적으로 받을 때 생기는 욕구라는 것이다.

이러한 욕구가 가장 강한 시기가 바로 청소년기이다.

거꾸로 이야기하면 우리 청소년들은 자기를 둘러싼 사람과 환경으로부터 끊임없이 억압받고 있는 것을 강하게 의식한다. 억압의 크기만큼 독립의 욕구도 강하게 나타나기 때문이다. 따라서 이러한 독립의 욕구는 종종 가출이라는 일탈의 형태로 표현되는데 이것은 나중에 청소년 비행이라는 엄청난 결과를 초래하곤 한다.

나는 이 문제를 두고 기도하면서 고민하던 중에 알아낸 사실이 있다.

바로 자립심이다. 자립심은 자유라는 이름으로 독립의 욕구를 가장 아름다운 형태로 충족시켜줄 수 있는 훌륭한 대안이라고 생각한다.

하지만 양육의 현실에 있어서 자립심을 키운다는 것은 그리 쉬운 일이 아니다. 두 살 박이 아이가 혼자 숟가락질을 하겠다고 떼를 쓰는 장면을 생각해보자. 그냥 내버려두면 국그릇은 엎질러지고 밥그릇은 식탁 아래로 굴러 떨어지기 일쑤다. 금방 식사 분위기는 엉망이 된다.

양치질의 경우도 마찬가지다. 아이의 손으로 한 것이 제대로 깨끗하게 될 일이 없다.

옷 입는 일도 마찬가지다. 특히나 약속시간이 정해진 경우에는 스스로 옷을 입겠다는 자녀와 한바탕 소동을 벌여야 한다.

그렇지만 아이의 자립심을 길러주기 위해서는 엄마가 느긋해져야 한다. 좀 서툴지만 아이 스스로 할 수 있을 때까지 웃는 얼굴로 기다려줘야 한다. 그리고 때로는 아이들이 잘못된 결정을 내릴 때에도 허용해 주어야 한다.

이때 중요한 것은 그 잘못된 결정의 결과까지도 자녀가 온전히 수용하도록 해야 한다는 것이다. 잘못된 결정을 했을 때도 엄마가 개입해 좋은 결과가 나오도록 결과를 왜곡 유도해서는 안 된다는 이야기다.

아이는 이때 자립심에서 오는 자유와 책임의 의미를 배우게 된다. 아이는 이러한 잘못된 결정과 그것으로부터 오는 좋지 않은 결과를 전적으로 수용하는 반복적인 과정을 통해 비로소 올바른 결정을 할 수 있게 된다. 결국 엄마에게는 아이가 올바른 결정을 할 수 있을 때까지 일시적으로 잘못된 선택을 허용하는 지혜와 용기, 그리고 결단이 필요하다는 말이다.

하나님 또한 우리의 자립심을 길러주기 위해 때때로 우리가 잘못된 선택을 하도록 허용하고 그 결과를 그대로 수용하도록 내버려 두는 경우가 있다.

최근에 둘째 사위가 사업에 실패하는 아픔을 겪었다. 쌀과 반찬을 살 돈도 없을 만큼 힘들었겠지만 딸은 나에게 어떠한 경제적 도움도 요청하지 않았다. 그리고 당당하게 길거리로 나가 아동복을 팔기 시작했다. 하루에도 몇 번씩 단속을 피해 급하게 물건을 챙겨 이리저리로 피해야 하는 바로 그 길거리 옷장사로 나선 것이다.

작지 않은 사업체를 운영했던 자존심, 유명 연예인 남동생을 두었다는 허영심과 체면 따위는 모두 버리고 길거리로 나선 것이다. 장훈이는 제 누나의 이런 소식을 듣고 아연실색했다. 당장 그만두도록 하라고 성화였다. 자신이 돕겠다고 했다. 어디 조그마한 아동복 가게라도 얻도록 돕겠다고 했다.

나는 장훈이에게 말했다.

"훈아, 누나는 지금 하나님의 시간 위에 서 있어. 하나님의 시간에 인간이 개입할 수 없단다. 엄마도 마음이 찢어지듯 아프구나. 하지만 우리가 할 수 있는 일은 누나가 그 연단의 시간을 통과해 혼자 설 수 있도록 기도하는 것뿐이란다. 그런 후에 도와도 늦지 않다."

나는 그 더운 여름날 어린 장훈이가 손수레를 끌며 수박장사를 할 때도 말리지 않았다. 스스로 독립한다고 나갔다면 자립해야 한다고 생각했기 때문이다. 멀리서 지켜보는 것만으로도 팔이 저리도록 아팠지만 그대로 두었다.

사업에 실패한 딸을 바라보는 마음도 그때와 다르지 않다.

물론 장훈이의 경제적 지원을 받는다면 당장이라도 길거리 장사는 면할 수 있음을 안다. 하지만 나는 내 딸이 하나님과 보내는 그 소중한 시간을 빼앗고 싶지 않았다. 하나님께 공급받는 그 힘으로 스스로 일어설 수 있음을 몸소 체험하는 그 찡한 감격을 엄마의 인간적인 동정과 바꾸도록 하고 싶지 않았다.

내 마음을 알았는지 얼마 전 딸이 이런 고백을 해왔다.

"엄마, 길거리에서 보내는 시간들이 내게는 얼마나 소중한지 몰라요. 돌아보면 내가 그때처럼 하나님을 깊고 가깝게 매일 만나며 지낸 날들이 있었나 싶네요."

나는 고마움의 눈물을 흘렸다. 그 고통과 외로움 속에서 하나님을 만나고, 그래서 하나님의 마음을 조금씩 알아가는 딸이 고마웠다. 엄마의 마음을 이해해 주는 딸이 무척 고마웠다. 하나님 앞에서 스스로 홀로서기를 해나가는 딸이 너무나 고마웠다.

홀로 선다는 것은 참 외롭고 힘든 일이다. 하지만 우리는 반드시 홀로 서야 한다.

하나님 앞에 철저히 단독자로 서야 한다. 하나님은 나와 1:1로 만나길 원하시기 때문이다. 세상의 모든 것을 내려놓고 그 분 앞에 홀로 설 때 비로소 만나 주시는 분이기 때문이다.

그래서 나는 우리 자녀들이 청소년 때부터 홀로 서기를 연습해야 한다고 생각한다. 그리고 엄마는 자녀가 홀로 서기를 연습할 수 있도록 양육해야 한다고 생각한다. 홀로 선, 그래서 자립한 아이만이 무엇에도 속박당하지 아니하고 진정한 자유인으로 성장할 수 있기 때문이다.

하나님 마음을 움직이는 엄마의 기도

가끔 TV를 보다보면 저렇게 노래 잘 부르는 가수도 많고, 저렇게 잘 생기고 말 잘 하고 재주 많은 쟁쟁한 아이돌 스타들도 많은 데 어떻게 우리 장훈이가 아직까지도 그 많은 일들을 해낼 만큼 팬들에게 사랑받고 있는 것일까라는 생각을 하게 된다.

너무나 감사한 일이다.

하지만 이 수수께끼 같은 일도 하나님을 그 중심에, 또는 배경에 두면 모든 것이 이해가 된다. 이 기적 같은 모든 일이 하나님 때문에 가능하다는 이야기다.

가끔 장훈이가 TV 프로그램에서 나를 소개할 때 "내 콘서트 장에

와서도 머리꼭지만 보이는 엄마"라고 말한다.

그렇다. 사실이다. 아들을 위해 내가 할 수 있는 것은 오직 기도 밖에 없다고 생각하기 때문이다.

나는 하나님이 아름답게 사용하시는 장훈이를 위해 기도할 뿐이다. 새벽에도 아침에도 한낮에도 오후에도 저녁에도 밤에도 기회가 있을 때마다 장훈이를 위해 기도한다. 집에서도 교회에서도 그리고 길을 걷다가도 아들 생각이 나면 기도한다. 그러니 콘서트 장에서도 기도할 수밖에 없는 것이다. 이것은 나 뿐 아니라 이 땅의 모든 엄마들이 가진 마음일 것이다. 엄마의 시간은 항상 자녀의 시간에 맞추어져 있고, 엄마의 기도는 아들과 딸을 축복하는 단어들로 가득 차 있다. 그래서 나는 엄마는 자신의 자녀를 위해 기도하라고 하나님께서 부르신 사람이라고 정의하고 싶다.

또한 정말 감사한 것은 나 뿐 아니라 장훈이를 위해 기도하는 분들이 참 많다는 사실이다. 장훈이는 성도들의 기도로 세워진 아들이다. 나는 그렇게 믿는다. 기도로 세워졌기 때문에 큰 슬럼프를 겪을 때에도 올곧게 자신의 길을 변함없이 걸어가고 있다고 생각한다.

자녀를 기도로 양육하는 것만큼 안전하고 확실한 방법을 나는 알지 못한다. 하지만 여기에도 꼭 피해야 할 위험한 함정이 하나 있다. 이 함정은 다름 아닌 엄마의 기도에 자녀를 향한 엄마의 일방적인 기대나 욕심이 담길 수 있다는 것이다. 엄마의 일방적인 기도는 일방적인 기대를 낳고 일방적인 기대는 일방적인 욕심을 낳고 그 일방적인 욕심은 오히려 아이를 더 힘들게 할 수 있다. 대부분 아이들이 엄마의 일방적인 기도에 담긴 그 기대치를 달성하기는 매우 어렵기 때문이다. 결국 엄마가 자녀를 위해 기도하면 할수록 오히려 자녀는 더 고통스러워진다는 안타까운 결론에 이를 수 있다. 성공, 일류대학, 올라갈 수 없는 고지를 정해놓고 자녀가 들도록 기도한다면 그것은 자녀에게 무거운 짐이 되고 만다. 자녀는 강박증에 짓눌린다.

이러한 위험한 함정에 빠지지 않기 위해서는 엄마가 자녀를 위해 기도하는 시간만큼, 어쩌면 그 시간보다 더 많은 시간을 엄마가 자신을 위해 기도해야 한다. 그래서 나 또한 장훈이를 위해 기도하는 것 그 이상으로 나 자신을 위해 기도한다. 자녀를 위한 합당한 기도를 할 수 있는 엄마가 되게 해 달라고 간절히 기도한다.

평소 좋아하는 에바게일 반뷰렌의 기도문에서 많은 교훈을 얻는다.

"오 주여! 나로 하여금 보다 훌륭한 엄마(부모)가 되게 하소서
자비를 사랑하고 자녀들이 하는 말을 끈기 있게 들어주며
자녀들의 괴로운 문제들을 사랑으로 이해할 줄 아는
엄마가 되게 하소서

지나친 간섭을 삼가고 자녀들과 말다툼을 피하며
모순된 행동으로 자녀를 실망시키지 않게 하소서
엄마에게 예의 바른 자녀가 되기를 바라는 것같이

나도 자녀에게 친절하며 정중하게 하소서
비록 엄마라 할지라도 자녀에게 잘못했음을 깨달았을 때는
용감하게 자신의 허물을 고백하며 용서를 구할 수 있는
엄마가 되게 하소서
부질없는 일로 자녀의 마음에 상처를 입히지 않게 하소서
자녀의 실수를 보고 웃거나 벌을 줌으로써 자녀로 하여금
수치심과 모욕감을 느끼지 않게 하소서
나의 자녀들이 거짓말을 아니 하고
남의 물건을 탐내지 않는 깨끗한 사람이 될 수 있도록 돕게 하소서
시간마다 나를 인도하시어
나의 말과 행동으로 본을 보임으로써
정직하게 사는 것이 행복의 비결임을 분명히 보여주게 하소서

오 주여! 간절히 비옵나니 초라한 나의 모습을 감추시고
나의 혀를 지킬 수 있도록 도와주소서
그 나이 때면 누구나 행하는 자녀들의
사소한 잘못을 보게 되었을 때
이를 너그럽게 봐줄 수 있는 아량을 베풀게 하소서
자녀들이 스스로 판단하고 결정하고 스스로 실행할 수 있도록
충분한 기회를 허락하게 하소서
엄마로서의 권위를 세우기 위하여
자녀들을 책망하지 않게 하소서

자녀들이 바라는 것이 옳은 것이라면 다 허락하면서도
만약 그것이 자녀에게 해가 되는 것이라면
끝까지 거절할 수 있는 용기를 주소서

어느 한 편으로 치우치지 않고
항상 공정하고 생각이 깊고 사랑이 넘치는 엄마가 되게 하시어
자녀들로부터 진심으로 존경받는 엄마가 되게 하소서
자녀들로부터 사랑 받고
자녀들이 진정 닮기 원하는 엄마다운 엄마가 될 수 있도록
깨우쳐 주소서

오 주여! 바라옵나니
안정과 균형을 잃지 않고 스스로를 다스릴 수 있는
엄마가 되게 하소서."

제7장

아이 스스로 행복을 발견하게 하라

행운은 멀리 있지만 행복은 아주 가까운 곳에 있었다.
손만 뻗으면 닿는 곳에 있었다.
행복은 얻는 것이 아니었다.
발견하는 것이었다.
그래서 이제부터는 수평선 너머에서 언젠가 나타날
멋진 행운의 돛단배를 기다리지 않기로 했다.
오히려 이제는 그냥, 허리를 굽혀 내 발 밑에 깔린
행복의 조약돌을 하나씩 줍기로 했다.
그리고 어느 날 문득 나에게 기적 같은 행운을
만나게 해 달라는 기도도 하지 않기로 했다.
이제는 그냥, 내 손안에 든 행복을 발견할 줄 아는
보배로운 눈을 갖게 해달라고 기도하기로 했다.

마지막 마음의 보따리를 풀게 하라

아이들과 상담할 때 가장 관심 있게 귀를 기울이는 것은 지금 이 아이가 자신의 마지막 보따리를 풀었는가에 있다. 아이들에게는 여러 개의 마음 보따리가 있는데 마지막 보따리가 진짜 보따리이기 때문이다.

아이들은 상황에 따라 자신이 풀어 놓고 싶은 보따리를 풀어 놓는다. 그간의 상담경험으로 볼 때 처음부터 진실의 보따리를 풀어놓는 경우는 매우 드물다. 대부분 처음에는 가짜 보따리를 풀어내는 경우가 많다. 정말 보여주고 싶은 진실의 마지막 보따리는 꽁꽁 싸매어 마음 깊숙이 감추어 둔 채 말이다.

청소년 사역 초기에는 이러한 사실을 전혀 몰라 아이가 처음에 풀어 놓은 보따리가 진짜라고 생각하고 섣부른 처방전을 내놓는 실수를 저지르곤 했다. 선생님 같은 훈계로 오히려 아이의 마음을 닫게 만드는 경우도 있었다.

처음 만남에서는 대부분의 아이들이 경계심 가득한 눈으로 나를 바라본다.
자기 앞에 앉아 있는 이 어른에 대해 탐색하는 것이다. 그리고 정말 이 사람에게 내가 가진 진실의 보따리를 풀어도 좋을지를 두고 고민하며 갈등한다.
이때 필요한 것이 기다림이요 인내심이다.
아이들이 싼 보따리는 절대 어른들이 강제로 풀 수 없다. 억지로 풀려고 하면 할수록 진실을 가장한 가짜 보따리만 더 만들어 낼 가능성이 크다.
서두르지 말고 기다려야 한다.
<u>스스로 마지막 보따리를 풀어놓을 때까지 참고 인내해야 한다.</u>
아이가 싼 보따리는 그 아이만이 풀 수 있기 때문이다.
사실 아이는 자신의 그 마지막 마음 보따리를 풀어 놓고 싶어 나를 찾아 온 것이다. 그것을 간절히 보여주고 싶어 내 앞에 앉아 있는 것이다. 나는 많은 아이들을 만나면서 아이들이 자신의 마지막 진짜 보따리를 얼마나 풀어놓고 싶어 하는지 알게 되었다.

어떤 아이는 그 마지막 보따리를 풀어놓으며 펑펑 운다. 내 가슴에 안겨 소리 내어 엉엉 울기도 한다. 그때까지 그 마지막 보따리를 마음 놓고 풀어놓을 수 있는 사람이 없다는 현실이 슬프고 아파서 울고 그것을 보여줄 사람을 만난 것에 감사하며 운다.

하지만 나는 그 아이들이 정말 자신의 그 마지막 보따리를 풀어놓고 싶은 사람은 엄마, 바로 자신의 엄마임을 너무나 잘 알고 있다. 아이들은 엄마의 무릎을 베고 누워 자신의 머리칼을 쓰다듬는 엄마의 부드러운 손놀림을 느끼며 마음껏 자신의 마지막 진짜 보따리를 풀어놓고 싶어 한다. 엄마의 포근한 품에 안겨 엄마의 따뜻한 손을 맞잡고, 엄마의 사랑스런 눈을 바라보며 그 마지막 보따리를 간절히 풀어 놓고 싶어 한다.

이제 우리 엄마들은 자녀들이 자신의 마지막 보따리를 아무런 불신과 두려움 없이 풀어 놓을 수 있도록 도와주어야 한다. 그리고 자녀의 마지막 보따리 속에 든 아이의 진짜 마음을 보아야 한다. 그리고 그 보따리 안에 들어있는 것이 무엇이든 존중해 주어야 한다.

그 아픔과 고통을 보아야 한다.

소리 없는 그 슬픔과 통곡의 소리를 듣는 귀를 열어야 한다.

그 좌절과 절망을 느껴야 한다.

한없이 위로받고 싶어 하는 상처 난 가슴을 보아야 한다.

엄마에게 진짜 사랑받고 인정받고 싶어 하는 예쁜 마음을 보아야 한다.

"그동안 얼마나 힘들었니?"

진심어린 엄마의 이 한 마디에 아이는 한 없이 무너진다.

절대 무너질 것 같지 않았던 그 완고한 마음이 한꺼번에 무너진다.

엄마를 향한, 아니면 또 그 누구를 향한, 그 무엇을 향한 반항심과 적개심이 안개처럼 사라진다.

마지막 보따리를 풀고 나면 아이의 마음에 봄바람이 분다.

입술에서 꽃내음이 난다.

마지막 보따리를 풀어야 아이는 비로소 푸른 초장 맑은 물가에 앉아 쉴 수 있다. 참 휴식과 평안을 맛 볼 수 있다.

이것이 행복의 길로 접어드는 첫 걸음이다.

그래서 나는 이 땅의 모든 엄마들은 아이가 언제나 자신의 마지막 보따리를 풀어 놓을 수 있도록 24시간 대기해야 한다고 생각한다. 늦은 밤이어도 좋고 이른 새벽이어도 좋다. 언제나 보따리를 받아 줄 준비가 되어 있어야 한다. 엄마가 바쁘다고 거절한다면, 컨디션이 좋지 않다며 다음에 이야기 하자고 한다면 아이는 그 보따리를 더 단단하게 싸맬지도 모른다. 앞으로 엄마 앞에서는 진짜 보따리를 절대 풀어놓지 않겠다고 결심할지도 모를 일이다.

희망의 통로가 되라

'사방에 우겨쌈을 당한 우리 아이들에게 작은 희망의 통로가 되자.'

내가 어려운 여건 속에서도 한해도 거르지 않고 꾸미루미 사역을 지속하는 가장 큰 이유 중 하나가 있다.

나는 진심으로 그들에게 작은 희망의 통로가 되고 싶다.

일각에서는 장훈이라는 배경 때문에 꾸미루미 사역이 경제적으로 전혀 어려움 없이 진행되고 있다고 생각하는 사람들도 있겠지만 실상은 그렇지 않다. 초기에 장훈이가 많은 도움을 준 것은 사실이지만 현재 꾸미루미는 때때로 자신의 이름도 밝히지 않고 보내오는 개인 후원

자들과 아무런 댓가없이 헌신하는 자원봉사자들의 힘에 의해 운영되고 있다. 할 수만 있다면 더 많은 아이들에게 더 좋은 것으로 더 많이 나누고 싶은 욕심 때문일까?

꾸미루미 사역에는 정말 많은 돈이 들어간다. 하지만 하나님은 내가 상상하지도 기대하지도 않았던 여러 모양의 도움에 손길들을 통해 단 한 번도 모자람 없이 채워 주셨고 앞으로도 그렇게 채워 주실 것이라고 믿는다.

희망의 통로가 전혀 없는 곳에 갇힌 아이는 점차 무기력해져 간다. 정말 더 무서운 사실은 이러한 무기력은 점차 학습돼 나중에는 그 어떤 것도 시도하지 않는 절대 무기력에 빠진 어른으로 성장해 간다는 것이다.

마틴 셀리그먼(Martin Selligman) 교수는 개 실험을 통해 인간의 무기력 또한 학습된다는 사실을 과학적으로 증명했다.

그는 개를 한 방에 가두고 바닥에 전기가 흐르도록 했다. 처음에 개들은 전기충격을 피하기 위해 이곳저곳을 뛰어다녔다. 하지만 개들은 시간이 지나면서 점차 방안의 어느 곳으로 도망쳐도 전기충격을 피할 수 없다는 사실을 깨닫게 되었다. 방바닥 전체에는 개들에게는 너무나 견디기 힘든 고통스러운 전기가 흐르고 있었기 때문이다.

그리고 잠시 후, 그 개들을 다른 방으로 옮겼다. 그 방은 조금만 움직이면 전기가 흐르지 않는 방으로 이동할 수 있는 통로가 설치되어 있는 곳이었다. 하지만 놀랍게도 그 개들은 제 자리에 웅크리고 앉아 꼼짝도 하지 않고 시시각각 주어지는 끔찍한 전기충격을 온 몸으로 받아들이고 있었다.

이처럼 무기력은 학습되고 학습된 무기력은 점차 더 심각한 무기력을 낳게 되는 것이다.

나는 셀리그먼의 개들처럼 자신에게 주어지는 고통을 그냥 무기력하게 받아들이거나 때로는 그 고통을 견디다 못해 가출이나 자살이라는 극단적인 선택을 하는 아이들을 그냥 계속 두고 볼 수가 없었다.
그래서 지금은 꾸미루미 사역을 밤 9시부터 11까지 운영해 학습된 무기력 속에서 긴급한 구조를 요청하는 아이들에게 작은 도움이라도 주기로 했다.
물론 밤 9시 이후라도 꾸미루미를 찾는 아이들의 대부분은 빡빡한 학업의 일상에서 쉼을 찾으러 오는 평범한 청소년들이다. 하지만 그 많은 아이들 가운데 단 한명이라도 급박한 도움을 요청하는 아이가 있다면 나는 그 한 명에게 집중한다.
절실한 도움이 필요한 아이들은 나에게 구조를 요청하는 눈빛을 보낸다. 나는 오랜 경험에서 나온 직감으로 그것을 아주 강하게 느낀다.
"가출했어요."라고 말하지 않아도 안다.
가출은 첫 날이 매우 중요하다. 집으로 돌아갈 것인지, 아니면 정말 가출을 실행할 것인지? 아이는 내 앞에 앉아 컵라면과 김밥으로 하루의 허기를 달랜다. 그리고 나와 눈빛을 교환하며 엄마의 따뜻한 품을 생각한다. 집을 그리워한다. 간혹 그중에는 아빠의 폭력 등으로 당장 집으로 돌아갈 수 없는 형편의 아이들도 있다. 그럴 때 그들을 안전한 쉼터로 안내한다.

이렇게 해서 단 한 명이라도 꾸미루미를 통해 가출을 포기하고 집으로 돌아갔다면, 극단적인 선택에서 돌아섰다면 나는 그것으로 충분한 역할을 했다고 생각한다. 단 한 아이에게 희망의 통로가 된 것으로도 크게 만족한다. 하지만 꾸미루미는 아주 몇몇 청소년들에게만 작은 희망의 통로가 될 뿐이다.

그래서 나는 생각한다.
'우리 아이들에게 가장 좋은 희망의 통로는 엄마다.'
엄마가 자녀에게 마지막 희망의 통로가 되어야 한다.
엄마라는 희망의 통로마저 막혀 있다면 내 자녀는 이 팍팍한 세상에서 어떤 다른 희망의 통로를 찾을 수 있겠는가? 엄마는 언제나 열려 있는 희망의 통로가 되어야 한다. 모든 통로가 다 닫혀 있을 때에라도 유일하게 열려 있는 마지막 희망의 통로가 되어야 한다.
엄마라는 희망의 통로를 찾은 아이는 행복하다.

벼룩의 점프

가끔 엄마의 큰 하이힐을 신고 뒤뚱 걸음을 걷는 어린 여자 아이들을 본다. 내 딸들도 어렸을 때 엄마의 큰 고무신을 신고 하루 종일 마당 구석구석을 돌아 다녔던 기억을 갖고 있다. 엄마의 립스틱, 매니큐어, 귀걸이 기타 등등 엄마의 그 무엇은 아이들에게 언제나 큰 호기심의 대상이다.

나는 아이들의 이러한 호기심 어린 일련의 행동을 보면서 성장에는 어떤 단계가 있다는 생각을 갖게 되었다. 그리고 자신이 현재 놓여있는 자리에서 할 수 있는 것들을 마음껏 해야 다음 단계로 자연스럽게 넘어간다는 사실을 알게 되었다. 그 단계에서 하지 못한 것은, 특히 엄마의 강제적인 만류로 하지 못한 것은 마치 무슨 마음의 한처럼 남아 다음 단계로 성장한 아이를 가끔 전단계로 퇴행시키곤 한다. 그리고 이러한 퇴행은 아이의 자존감을 떨어뜨리는 중요한 원인이 되기도 한다.

벼룩은 몸길이가 1~2mm에 불과하지만 최대 30cm까지 점프를 할 수 있다고 한다. 자기 몸 길이의 100배 이상을 점프하는 것이다. 하지만 그 벼룩을 높이 1cm 정도의 작은 유리 상자 안에 넣어 둔 후 상자 밖으로 꺼내면 벼룩의 최대 점프 높이는 1cm를 넘지 못한다고 한다.

벼룩처럼 자기 몸의 100배 이상을 뛸 수 있는 아이들이 겨우 10배, 아니 자신의 키만큼도 뛸 수 없다며 주저앉는 아이들을 자주 본다. 정말 깜짝 놀랄 정도로 자존감이 낮은 아이들이 우리 주변에 너무나 많다.

우리 아이들의 자존감이 무엇 때문에 이렇게 낮아졌을까?

나는 그 이유를 '거절상자'에서 찾았다.

우리나라 대부분의 청소년들은 공부 외에 모든 것에 대해서는 거절당할 마음의 준비가 되어있다. 엄마의 손바닥에는 이미 "No!"라고 적혀 있음을 알고 있기 때문이다. 자신이 아무리 뛰어도 1센티미터 이상을 뛸 수 없다는 사실을 인지하고 있다. 거절상자 속에 갇힌 우리 아이들에게 높은 자존감을 가지라고 말하는 것은 무리한 요구가 아니라 불가능한 요구일 수도 있다는 생각이 든다. 공부 외에는 어떤 것도 할 수 없는 거절상자 속에서는 성적만이 절대적이며 유일한 평가기준이기 때문이다. 공부를 못하는 아이가 그 상자 속에서 어떻게 높은 자존감을 가질 수 있겠는가?

우리 엄마들은 알고 있다. 인생에서 공부만이 전부가 아님을 잘 알고 있다. 그럼에도 우리 엄마들은 끊임없이 자신의 자녀를 그 거절상자 속에 가두려 한다. 물론 나도 그 분야에서는 둘째가라면 서러워 할 정도의 엄마였다.

우리 아이들에게는 상상할 수 없는 끼와 재능이 있는데, 많은 분야에서 정말 탁월한 능력을 갖고 있는데 소수의 엄마들이 아직까지도 그것이 단지 성적을 올리는 것과 관계가 없다는 그 단 하나만의 이유로 그 끼와 재능을, 그 능력을 우습게 여기거나 때로는 당장 폐기시켜야 할 독극물 따위로 취급하곤 한다. 정말 안타까운 일이다. 나는 가끔, 장훈이가 엄마가 만들어 놓은 그 거절상자 속에 갇혀 공부만 했다면 '지금처럼 행복하게 자신의 일을 할 수 있었을까?' '지금처럼 사회와 이웃을 위해 많은 일들을 할 수 있었을까?' 라고 스스로에게 질문해 본다.

'아니다.' 라는 대답에 마음이 기운다.

하지만 나도 언제나 'NO'라는 카드를 들이대며 살았다. 그 엄마의 거절들을 이기고 스스로 자존감을 찾아 올곧게 서 준 것에 고마움을 느낀다.

높은 자존감은 자신의 참 모습을 찾는 것에서 시작하는 것이다. 하나님께서 나에게 선물하신 달란트를 발견하기 위해 끊임없이 노력하는 과정에서 얻어지는 것이다. 시간이 필요한 일이다. 다양한 시도가 요구되는 일이다. 반복되는 실패를 경험해야 하는 일이다. 절대 서둘러서 얻을 수 있는 것이 아니다. 그래서 엄마의 도움이 꼭 필요하다. 기다림이 필요하다. 엄마의 따뜻한 격려와 뜨거운 박수가 있어야 한다.

어떤 분이 고민스럽게 물어왔다.

"고등학생 아들이 춤에 빠져 지내요. 주말마다 광장에 나가 춤 연습을 하는데 걱정이에요. 처음에는 말려도 보았지만 더 삐뚤어질까봐 그냥 모른 체 하고 있어요. 어떻게 하면 좋을까요?"

아마 그 엄마는 아들에게 춤을 포기시키고 다시 공부에 전념 할 수 있도록 할 수 있는 무슨 비법이라도 있으면 알려 달라는 바람으로 나에게 상담을 요청한 것이리라.

나는 그 아들이 되어 생각해 보았다. 가슴 한 구석이 짠하게 저려왔다. 아들은 엄마 몰래 춤 연습을 하러 갈 때마다 죄인이 되어 집을 나갔을 것이다. 광장에 모인 많은 사람들에게, 함께 춤추는 친구들에게는 "멋지다!"며 박수를 받지만 아이는 다시 부모의 기대를 저버린 나쁜 아들이 되어 집으로 돌아가야 한다.

이러한 거절상자 속에 갇힌 아이는 절대 높이 뛸 수 없다. 높은 자존감을 가질 수 없다.

나는 그 엄마에게 이렇게 말해 주었다.

"오늘 당장 그 광장으로 달려 가세요. 그리고 그 멋진 아들의 춤을 보세요. 그리고 손바닥이 아프도록 박수를 쳐 주세요. 목이 쉬도록 환호성을 질러 주세요. 지금 그 아들은 만 명의 관객이 보내주는 박수보다 단 한 사람, 바로 엄마의 박수를 간절히 원하고 있어요. 춤추는 광장에서 만난 엄마의 얼굴은 아들의 자존감을 하늘 높이 올려 줄 것입니다. 아이의 자존감을 높이는 일에 엄마의 박수만한 것이 없습니다. 아이들은 끊임없이 자신의 엄마에게 인정받고 싶어 합니다. 정말 간절히 칭찬받고 싶어 합니다."

나는 이제 어른이 된 장훈이에게서도 종종 이런 모습을 발견하곤 한다.

요즘에는 불과 일 년에 몇 번밖에 장훈이를 만나지 못한다. 자기도 공연과 방송 때문에 바쁘지만 나 또한 교회와 꾸미루미 외에도 각종 청소년 프로그램 진행과 지방 강연이다 뭐다해서 아들 못지않게 바쁘기 때문이다.

그렇다보니 장훈이는 나를 만날 때면 가장 좋은 고급식당을 예약해 놓는다. 그리고 가끔은 비싼 옷가게에 가서 옷도 고르라고 한다.

사업실패 이후 빚과 가난에 찌들려 좋은 음식 한 번 제대로 못 먹어 본 엄마…

이제 나이 들어서는 어려운 청소년교회 목회자의 길을 걷느라 맛난 음식 한 번 마음 놓고 먹어보지 못하는 엄마…

그런 엄마에게 일 년에 몇 번, 그날 하루만이라도 최고의 것으로 대접하고 싶어 하는 장훈이의 그 착한 마음을 알고 묵묵히 즐긴다. 자신이 이룬 작은 성공을 엄마와 함께 나누고 싶은, 그래서 인정받고 칭찬받고 싶어 하는 그 어린아이 같은 마음을 너무나 잘 알기 때문이다.

서울 야경이 한 눈에 들어오는 어느 호텔 레스토랑에 앉아 엄마의 만족한 눈을 바라보는 장훈이의 어깨가 얼마나 으쓱할까? 아들은 그런 엄마의 모습을 보는 것만으로도 행복해 한다. 자신의 작은 성공을 엄마와 함께 기쁨과 축복 속에서 나누고 싶은데, 엄마가 그것을 매번 거절한다면 얼마나 슬프겠는가? 엄마가 행복하면 자녀도 행복하다. 자녀가 행복하면 엄마도 행복하다. 이것이 행복의 신비다.

결국 자존감의 높이는 행복지수의 크기와 같다는 결론에 이른다. 행복한 아이는 필연적으로 자존감이 높을 수밖에 없다. 이제 우리 엄마들은 아이의 자존감을 높이기 위해 이 책과 저책을 뒤적이며 특별한 비법을 찾기 보다는 아이의 행복지수를 높이기 위해 애쓰는 것이 더 현명할 것 같다. 예를 들어 위에서 말한 댄스에 재능이 있는 아들의 경우 아이가 새로운 춤 동작에 성공했을 때, 그 작은 성공을 엄마가 진심으로 축하하고 기뻐해 준다면 그 아이는 분명 행복해 질 것이다. 그리고 필연적으로 높은 자존감을 갖게 될 것이다.

모든 청소년은 방황한다.
당연하다. 사춘기는 방황하는 계절이다. 몸과 마음이 성장통을 앓고 있다. 그들 스스로 자신들의 생각과 감정을 다스리지 못한다. 부모 속을 아프게 한 일들을 돌아서서 후회한다. 하지만 내색하지 못한다. 이들은 외롭다. 보여 지는 모습 뒤에 감추어진 자녀의 표정을 살펴보라. 이해받지 못한다는 외로움, 그래서 반항하고 방황한다.

이들은 이른 봄의 혹독한 꽃샘 추위를 견디며 버티고 있다. 휘몰아치는 바람에 뿌리 뽑혀 쓰러지지 않도록 지지대를 세워 줘야한다. 꽃샘추위를 잘 견뎌내야 뿌리가 견고히 선다. 겨울내내 얼었던 땅이 휘몰아치는 꽃샘추위 바람이 아니라면 나무가 뿌리를 내리지 못한다.
겨울내내 얼었다 녹은 보리 싹이 밟히는 아픔이 없이는 생육하지 못하는 이치와 같다.

우리 애들은 장거리 선수다. 현재를 즐기게 해야 한다. 무한 경쟁 속에서 지쳐 넘어지지 않도록 힘을 나누어 써야 한다.

등산하는 자가 정상에 깃발을 먼저 꽂으려고 경쟁하며 달려 오른다. 가장 먼저 고지에 오르고자 지름길을 달리며 정상만을 향해 치닫는다.
산을 오르는 길에 보이는 아름다운 것들은 아랑곳 하지 않는다. 다람쥐의 예쁜 꼬리 자태, 흐드러지게 피어 있는 진달래꽃, 얼음 녹아 흐르는 골짜기의 물소리, 성급하게 나들이 나온 개구리며 가재, 가을이면 형형색색으로 물들었다 떨어지는 아름다움… 이런 모든 것들을 다 아랑곳하지 않고 오직 오르고 또 올라 정상에 깃을 꽂은 자가 진정한 인생의 승리자일까?

옹달샘에 목 축이고 하늘 한 번 바라볼 수 있는 여유를 누리게 하라.

아름다운 착각이 있다.

꿈을 꾸는 마음은 아름답다. 꿈꾸는 자에게는 살아 있다는 존재감과 열정이 있다. 그러나 때론 우리의 꿈은 착각일 수도 있다.

공평하고 자유스럽고 행복한 사회로 만들어 보겠다는 꿈…

가난하고 병든 지구촌 어린이를 도와야 한다는 꿈…

그리하여 아프리카로, 아시아의 빈민촌으로 달려가는 선한 사마리아인들…

뜨거운 열정과 그들을 돕겠다는 꿈을 가지고 떠나는 청년들의 힘찬 행진들…

자기들의 작은 섬김이 그들을 돕고 왔다는 긍지와 만족감…

그러나 이런 것들은 바다에 던지는 작은 조약돌에 불과하다. 그 조약돌이 바다를 메울 수는 없다. 하지만 이렇게 순진한 착각들이 모여서 세상은 좀 더 살만한 곳이 된다. 보여지는 세상은 조금도 나아지지 않지만 가난하고 병든 사람들의 마음속에 희망의 나무 한그루 심어 준다. 그래서 꿈은 아름답다. 그것이 세상을 바꿀 것이라는 착각이라 할지라도 꿈은 아름답다. 희망을 놓아 버린 사람들에게 희망의 나무

한그루를 심는 위대한 착각들이 더 많이 모아졌으면 좋겠다.

우리 아이들에게 이런 꿈들을 꾸게 하자. 고사리 같은 손으로 돼지 저금통을 들고 와서 불쌍한 친구들에게 내어 주는 우리 아이들의 손이 되게 하자.

세 잎 클로버

　　　　짚신이 다 닳도록 봄을 찾아 산을 헤매 다녔지만 찾지 못하고 돌아왔을 때 이미 봄은 자기 집 앞마당에 핀 매화꽃에 내려와 있었다고 노래한 어느 시인의 고백처럼 나는 그동안 행복을 아주 먼 곳에서 찾았다.
　그리고 아주 먼 미래의 일로 미뤄 뒀다.
　어느 날 찾아올 멋진 행운이 나를 행복의 길로 이끌 것이라 믿었다.
　그래서 삶의 무게가 느껴질 때마다 행운을 가져다 준다는 꽃말을 가진 네 잎 클로버를 찾아 넓은 풀밭을 뒤졌다.
　하지만 그 때는 몰랐다. 네 잎 클로버를 찾기 위해 무수히 짓밟고 지나간 세 잎 클로버의 꽃말이 바로 '행복' 이라는 사실을 전혀 알지 못했다.

그동안 나는 하나의 행운을 찾기 위해 수없이 많은 행복을 짓밟아 왔다. 네 잎 클로버만 찾는 눈으로는 절대 발 밑에 깔린 수없이 많은 세 잎 클로버를 볼 수 없다는 사실을 깨닫지 못했다.

끊임없이 새로운 무엇을 찾음으로 행복을 찾을 수 있다고 착각하며 살아왔다. 남들보다 더 많은 것을 가졌을 때 행복하게 될 수 있다고 믿어왔다. 내 아들이 남들이 부러워하는 큰 명예를 가졌을 때 행복한 사람이 될 수 있다고 생각해왔다. 하지만 그것은 잘못된 믿음이었다.

오류가 가득한 생각이었다.

행복은 찾는 것이 아니었다.

행복은 발견되는 것이었다.

지금 내가 가진 그것을 감사함으로 받아들일 때 발견되는 것이었다.

이제야 그것을 깨닫게 되었다.

그래서 요즘 나는 참 행복하다.

여든이 넘은 나이에 할 일이 있어 행복하다.

더욱이 청소년들과 함께 할 수 있는 일이어서 무지 무지 행복하다.

나는 아이들의 재잘거림이 좋다.

그들의 좌충우돌이 좋다.

군대 간 제자의 전화를 받았을 때 한참 동안 말을 잇지 못하는 수화기 너머의 그 울음과 떨림이 좋다.

교회의 든든한 일꾼으로 자라는 그 넓은 어깨들을 바라보는 것이 좋다.

불쑥 찾아와 기도해 달라며 고개를 숙이는 아이들의 그 예쁜 정수리가 좋다.

이제는 오히려 10분 먼저 와서 기다리다 꾸미루미 버스가 오면 "왜 늦었어요?"라며 귀엽게 따져주는 아이들이 있어 좋다.

자기들이 알아서 그 큰 텐트를 치는 모습을 바라보노라면 가슴이 벅차서 좋다.

후후 불어가며 그 뜨거운 라면을 금방 비워버리는 그 활기참이 좋다.

학교에서 담배 피우다 들켜서 1주일간 화장실 청소를 해야 한다는 그들의 스스럼없는 푸념도 좋다.

말을 하지 않아도 눈이 마주쳤을 때 그냥 빙긋 웃어주는 것만으로도 충분히 행복하고 좋다.

행운은 멀리 있지만 행복은 아주 가까운 곳에 있었다.

손만 뻗으면 닿는 곳에 있었다.

행복은 얻는 것이 아니었다.

발견하는 것이었다.

그래서 이제부터는 수평선 너머에서 언젠가 나타날 멋진 행운의 돛단배를 기다리지 않기로 했다. 오히려 이제는 그냥, 허리를 굽혀 내 발밑에 깔린 행복의 조약돌을 하나씩 줍기로 했다. 그리고 어느 날 문득 나에게 기적같은 행운을 만나게 해 달라는 기도도 하지 않기로 했다. 이제는 그냥, 내 손안에 든 행복을 발견할 줄 아는 보배로운 눈을 갖게 해달라고 기도하기로 했다.

이 결심만으로도 나는 이미 행복하다.

편이 되어 주라.

사람들은 내 편이 없어서 외롭다. 우리 자녀들도 편이 필요해서 또래들과 몰려다닌다. 별로 역할이 없는데도 그냥 어울려 몰려다닌다. 청소년에게 있어 또래 친구는 목숨만큼 소중하다. 그 친구들만이 자기편이라고 믿기 때문이다. 아무 말이나 해도 서로 알아듣고 통한다. 아이들은 가끔 이렇게 말한다.

"어른들은 도무지 말이 안 통해요. 그래서 답답해요. 말하기 싫어요."

그들의 편이 되어 주기 위해서는 그들의 잘못된 행동에도 불구하고 꾸짖고 질책하기 전에 일단은 그 아이의 마음에 공감해 주고 동의 해 줄 수 있어야 한다.

청소년들을 있는 모습 그대로 봐줄 수 있는 우리의 열린 마음이 필요하다. 오늘도 시린 마음을 추스르며 방황하는 아이들의 마음속 깊은 곳으로 우리의 마음을 열어주자.

이야기를 마치면서

엄마들이 얼마나 아름답고, 위대하며, 자녀에게 큰 영향력을 주는 존재인지를 알려주고 싶었다

  처음 책상에 앉아 펜을 잡았을 때는 물 위에 먹물이 떨어졌을 때 소리 없이 퍼져나가는 그 그윽함으로 책을 쓰고 싶었다. 하지만 글을 써 내려 가면 갈수록 졸필인 나에게 책은 너무나 경직된 창으로 다가왔다. 그리고 그 창을 통해 내 마음을 그대로 독자들에게 전달한다는 것은 결코 녹록치 않은 어려운 작업임을 알게 되었다.

  그래서 이 글을 마치는 지금, 이 책을 이 땅의 엄마들에게 내보내려는 지금, 마음이 결코 가볍지만은 않다. 특히나 나의 자랑처럼 들리는 부분, 강조하고 싶은 욕심에 너무 목소리를 높인 부분, 꼭 깨달았으면 하는 마음에 목회자처럼 훈계하는 어조로 쓴 부분 등이 돌덩이처럼 무겁게 머릿속에 남는다.

  하지만 하나님이 주신 은혜가 내게 족함을 고백한다. 더 많은 퇴고를 거친다고 하더라도 이 한계를 넘어설 수 없음을 인정해야 할 것 같다. 그래서 아쉽고 부끄러운 부분은 독자들의 너그러운 마음에 맡기기로 했다.

　나는 이 책을 통하여 이 땅의 모든 엄마들이 자녀를, 그리고 스스로를 조금 더 알아가는 계기가 되었으면 좋겠다. 다 아는 것 같지만 정말 모르는 것이 자녀다. 어쩌면 모두가 알고 있는 사실을 엄마만 모르는 것이 내 자녀에 관한 이야기다. 그리고 엄마 스스로도 자신을 제대로 모르는 경우가 많다. 모르기 때문에 늘 불안하고 두려운 것이다.
　나는 엄마들에게 우리 청소년들에 대해 조금이라도 알려주고 싶었다. 이들이 얼마나 큰 우주를 품고 있는가를, 그리고 퍼내어도 퍼내어도 마르지 않는 잠재력을 품고 있는가를… 우리 아이들이 얼마나 소중한 존재인지, 소망 있는 사람들인지, 축복받아야 할 자녀들인지 알려주고 싶었다.

　그리고 엄마들에게도 알려주고 싶었다. 엄마들이 얼마나 아름다운 존재인지, 위대한 존재인지, 자녀에게 큰 영향력을 주는 존재인지를!
　그리고 위로하고 싶었다. 서로를 잘 몰라서 정말 사랑받아야 할 아이에게, 정말 사랑해야 할 엄마에게 상처주고 상처받는 엄마와 자녀를 위로하고 싶었다. 엄마와 자녀의 얼어붙은 관계를 녹여주고 싶었다.
　알면 용서할 수 있다. 알면 이해할 수 있다. 알면 받아들일 수 있다. 모든 오해와 비극은 잘 알지 못하는 것에서 발생한다. 그래서 우리 청소년들에 대해 내가 알고있는 조그만 알갱이들을 엄마들에게 말해주고 싶었다. 그동안 청소년 사역의 현장에서 깨달았던 생생한 체험담을 실제 사례를 들어가며 하나하나 친절하게 들려주고 싶었다. 하지만 그러한 나의 선한 뜻이 때로는 누군가 한 사람에게는 독한 화살처럼 박혀 큰 상처로 남을 수도 있다는 생각 때문에 모두에게 공개되는 책에 기록할 수 없었다. 그래서 나와 장훈이의 다소 부끄러운 과거를 통해 이야기를 전개해 나갈 수밖에 없었음을 이해해 주기 바란다.

이제 내가 못다 한 이야기는 십대교회에서, 꾸미루미에서, 그리고 수많은 청소년 사역의 현장에서 만나는 엄마들과 나누게 될 것이다.

이 땅의 모든 엄마들과 자녀들이 함께 행복하길 간절히 바란다.

청소년들의 대장이 되고싶은 목사 김 성 애

망망한 바다 한가운데서 배 한 척이
침몰하게 되었습니다.
모두들 구명보트에 옮겨 탔지만
한 사람이 보이지 않았습니다.
절박한 표정으로 안절부절 못하던 성난 무리 앞에
급히 달려 나온 그 선원이
꼭 쥐고 있던 손바닥을 펴 보이며 말했습니다.
"모두들 나침반을 잊고 나왔기에 … "
분명, 나침반이 없었다면 그들은 끝없이 바다 위를
표류할 수밖에 없을 것입니다.

삶의 바다를 항해하는 모든 이들을 위하여
우리는 그 나침반의 역할을 하고 싶습니다.
우리를 구원하신 아름다운 주님을
21세기 문명의 이기(利器)를 통하여
널리 전하고 싶습니다.

우리 나침반 가족은
구원의 복음과 진리의 말씀을 전하며
당신의 믿음 성장과 삶을, 가정을, 증거를,
그리고 당신의 세계를 돕고 싶습니다.

그리스도 안에서
우리는 당신을 진실로 사랑합니다.

"하나님은 모든 사람이 구원을 받으며
진리를 아는 데 이르기를 원하시느니라."
(디모데전서 2장 4절)

고딩, 화이팅!

교회생활도 잘하고 / 입시준비도 잘해서
서울대 간 14명의 신앙과 공부비법!

신국판 / 208쪽 / 값9,000원

예수님 마음 품게 하소서

큐티/가정예배/성경공부/새벽기도와 설교용

송용필 지음
신국판 / 384쪽 / 값15,000원

혀의 권세

당신의 미래, 운명을 좋게 바꿔주는 혀-
하나님이 약속하신 말씀을 믿고
당신의 것으로 주장하고
예언하는 법을 배우십시오!

톰 브라운 지음
신국판 / 200쪽 / 값9,000원

희망아, 내 소원을 들어줘!

이 책은 그냥 책이 아닙니다.
아이들의 꿈과 미래와
소원이 담겨져 있습니다.

남성현과 해피홈 아이들 지음
국판 / 160쪽 / 값10,000원

직통기도 직통응답

당신의 기도가 바로 응답되는 법을
제시한 책!

프란시스 가드너 헌터 지음
국판 / 224쪽 / 값9,000원

고통과 시련

일이 꼬이고, 까닭 모를 가난, 질병,
적대적 환경으로 고통 받고 있다면-
이 책의 메시지가 당신의 삶에 적용되면
당신의 삶을 형통하게 될 것이다!

레베카 브라운(Rebecca Brown)·데니엘 요더(Daniel Yoder) 지음
신국판 / 240쪽 / 값10,000원

아들아, 엄마가 미안해

지은이 | 김성애
발행인 | 김용호
발행처 | 나침반출판사

초판 1쇄 발행 | 2012년 3월 1일
5쇄 발행 | 2013년 3월 25일

등 록 | 1980년 3월 18일 / 제 2-32호
주 소 | 157-861 서울 강서구 염창동 240-21
　　　 블루나인 비즈니스센터 B동 1607호
전 화 | 본　사(02)2279-6321
　　　 영업부(031)932-3205
팩 스 | 본　사(02)2275-6003
　　　 영업부(031)932-3207

홈페이지 | www.nabook.net
이 메 일 | nabook@korea.com
　　　　 nabook@nabook.net

ISBN 978-89-318-1439-2
책번호 가-9033

값은 뒷표지에 있습니다.